La ciencia de la autodisciplina:
La fuerza de voluntad, fortaleza mental, y el autocontrol para resistir la tentación y alcanzar tus metas

Por Peter Hollins,
Autor e investigador de petehollins.com

Índice

La ciencia de la autodisciplina: La fuerza de voluntad, fortaleza mental, y el autocontrol para resistir la tentación y alcanzar tus metas 3

Introducción 7

Capítulo 2. ¿Qué pulsa tus botones? 37

Capítulo 3. Tácticas de disciplina de los Navy SEALs 58

Capítulo 4. Diagnóstico de los drenadores de disciplina 79

Capítulo 5. Flexiona tu "músculo de incomodidad" 99

Capítulo 6. Creación de un ambiente disciplinado 117

Capítulo 7. Las relaciones que informan nuestra fuerza de voluntad 137

Capítulo 8. Por qué siempre debes comer tus vegetales primero 157

Capítulo 9. ¡Urgente! Leer en caso de tentación 177

Capítulo 10. Actitud y enfoque son todo . 195

Capítulo 11. Construye rutinas y hábitos para la autodisciplina suprema 213

Guía resumen 233

Introducción

Cuando era más joven me acosaban por mi peso.

Puede que te resulte una historia conocida pero mi caso es diferente. Me molestaban constantemente porque era flaco como una vara. Una vez, durante un vendaval, salí literalmente volando.

Larguirucho, plumita, hombre palillo, Skeletor, calavera, niño hueso. Esos eran algunos de los motes que me lanzaban y, afortunadamente, ninguno duró más de unos pocos días. Pensaba que cuando ingresara en la universidad las burlas terminarían, porque ya la niñez habría quedado atrás. Éramos verdaderos adultos, viviendo por nuestra propia cuenta y completamente a cargo de nuestras vidas. Ahora sé que hay varias falacias en esa afirmación, pero la más relevante para este relato es que la burla se intensificó. Había subestimado gravemente el ego masculino de un hombre entre los 18 y 22 años.

Y así transcurrió mi primer año en la universidad, escuchando los mismos motes a los que estaba acostumbrado cuando era más joven. La verdad es que los insultos no habían cambiado mucho desde entonces. Cuando me instalé en la residencia de estudiantes, en mi segundo año en la universidad, tuve la suerte de que mi compañero de cuarto, asignado al azar, fuese un ex-jugador de fútbol americano. Mike, con quien compartiría habitación desde ese momento, se convirtió luego en un entrenador personal bastante exitoso. Este es un dato importante para mi narración, porque estoy convencido de que fui su conejillo de Indias. Le dije que quería aumentar mi peso y dejar de ser blanco de burlas. Él se trazó la meta de hacer realidad mi sueño ese año.

Descubrimos que simplemente no comía suficiente, incluso cuando yo creía que me atiborraba de comida tres veces al día. Monitoreamos rigurosamente las calorías y determinamos que necesitaba un promedio de 1.000 calorías extras diarias para ganar peso rápidamente de forma sana. Si te preguntas dónde entra la autodisciplina en este relato, pues aquí mismo. A diferencia de muchas personas, que luchan contra el sobrepeso, yo tenía que disciplinarme para comer 5 veces al día, según el horario programado. Sí, para algunos de ustedes esto puede parecer una fantasía. Pero para cualquier persona delgada que intenta ganar peso esto es una pesadilla, tanto como sería para una persona con sobrepeso comer solo una vez al día. Es una verdadera tortura tratar de atiborrarte varias veces al día, para luego tener que hacer lo mismo día tras día.

De no haber sido por Mike, probablemente hubiese desistido después de la primera semana. Afortunadamente, asistíamos juntos a la mayoría de las clases y fue mi compañero inseparable. Me recordaba que debía comer, me preguntaba cuánto había comido ese día e, incluso, me llevaba a comer helados cuando todavía necesitaba ingerir más calorías. No lo sabía en aquel momento, pero había creado para mí un ambiente que reforzaba la autodisciplina. Cuando la autodisciplina me abandonaba, tenía a Mike para empujarme y recordarme exactamente el motivo de mi arduo trabajo.

Dos meses después había logrado ganar 11 libras. La aventura continuó así por años, pero este fue mi encuentro introductorio con el ejercicio de la autodisciplina. Vi hasta dónde podía llevarme y ahora sé que es un rasgo necesario para todo lo que hacemos. Para cualquier meta que quieras alcanzar encontrarás incomodidades en el camino. La autodisciplina te permite sortear esas molestias y hace posible que alcances y logres tus metas. Es un componente esencial de la maestría y nada grande se ha logrado alguna vez sin ella.

Pero la autodisciplina no vive en el vacío. La mayoría de las veces tenemos las mejores intenciones, pero reaccionamos como los perros cuando se miran en un espejo. Rechinar los dientes y golpear el vidrio a veces no es suficiente. En este libro exploro y enseño cómo aumentar tu nivel base de autodisciplina y cómo rediseñar tu vida para no necesitarla en cada giro o revés del camino.

Puede qué tengas la misma suerte que yo y vivas con alguien que, te guste o no, refuerce tu sentido de la disciplina. Pero, de no ser así, hay numerosas formas de tomar el control de tu vida de una manera decisiva y no ser presa de impulsos caprichosos y distracciones. La autodisciplina no es solo la meta, también es la aventura.

Capítulo 1. Fundamentos biológicos de la autodisciplina

El connotado autor y orador Jim Rohn dijo una vez: "Todos debemos sufrir una de estas dos aflicciones: el dolor de la disciplina o el dolor del rechazo". En el transcurso de tu vida puedes elegir cómo sufrir. La disciplina es aquello que usualmente te aleja de lo que verdaderamente quieres.

Poseer autodisciplina y fuerza de voluntad es tener la capacidad de hacer cosas difíciles o desagradables porque dichas acciones favorecen tu bienestar a largo plazo. Esto puede significar levantarte temprano cuando preferirías apagar el despertador para dormir un poco más, o resistir la tentación de comer una golosina azucarada que una hora después haría caer en picada tu nivel de energía.

Cualquier cosa que necesites hacer para alcanzar tus metas y sentirte realizado requerirá de la disciplina como habilidad crucial para dirigir el proceso. Al otro lado del espectro, una vida carente de disciplina estará necesariamente llena de remordimientos, porque ningún logro valioso podrá llegar a buen término.

El objetivo de este libro es arraigar la autodisciplina y la fuerza de voluntad como hábito inconsciente, para garantizar que alcances tus metas y vivas sin remordimientos. Levantarse 5 minutos antes cada mañana puede no parecer mucho, pero hay un efecto acumulativo que conduce al camino del éxito. De la misma manera que un atleta hace calistenia y estira sus músculos antes de una carrera, la autodisciplina es una habilidad que necesita ser pulida.

Los fundamentos biológicos de la autodisciplina

Primero es importante entender cómo se manifiesta biológicamente la autodisciplina. Si no entendemos, desde una perspectiva neurológica, qué causas la disminuyen o fortalecen, no podremos tomar acciones que la beneficien. Sería como tratar una enfermedad sin entender qué la produce. Identificar el origen fisiológico en el cerebro del comportamiento complejo es todavía una investigación en curso para la neurociencia y la fisiología. No encontrarás las palabras "impulsividad" y "fuerza de voluntad" grabadas en lugares específicos del cerebro, como tampoco hay un truco químico fácil para alterar esas funciones de manera sostenida.

Se estima que el cerebro humano promedio posee cerca de 100 mil millones de neuronas -las pequeñas células que conforman los circuitos de nuestro sistema nervioso y están a cargo de nuestros pensamientos y conductas-. Es casi el mismo número de estrellas presentes en la Vía Láctea. Por lo tanto, no sorprende que los científicos apenas hayan empezado a comprender la conexión entre las neuronas y los resultados que generan. Experimentos recientes comienzan a ofrecer algunas pistas acerca del funcionamiento interno de nuestras mentes.

En el año 2009, Todd Hare y Collin Cameer utilizaron máquinas de resonancia magnética (o MRI, por sus siglas en inglés) para examinar la actividad cerebral de las personas, mientras realizaban determinadas tareas que requerían disciplina y autocontrol. Pudieron observar el aumento de actividad en una región del cerebro, conocida como la corteza prefrontal ventromedial, en el momento en que los participantes del estudio elegían entre aceptar una gran retribución económica en el futuro o una compensación más pequeña inmediatamente. El caso clásico de la lucha entre la fuerza de voluntad y la postergación de la gratificación inmediata.

La corteza prefrontal dorsolateral, otra región del cerebro que funciona como centro para la toma de decisiones, también demostró participar cuando sopesamos nuestras alternativas inmediatas y futuras. Hubo una correlación entre una alta actividad en esta región y la escogencia de aquellas opciones con mejores consecuencias en el largo plazo. Como por ejemplo, una retribución económica más grande pero aplazada para el futuro o un alimento más saludable.

Estos estudios de imágenes obtenidas por MRI demostraron que la habilidad de tomar decisiones más saludables a largo plazo y comprometerse con la autodisciplina resulta más fácil para algunas personas, debido a la estructura de su corteza prefrontal. En otras palabras, pudieron identificar el área del cerebro responsable de la autodisciplina.

¿Por qué es esto importante? Porque gracias al concepto de neuroplasticidad -la habilidad del cerebro que le permite reorganizar constantemente las conexiones sinápticas- sabemos que la cantidad de autocontrol de una persona es cualquier cosa menos estática. La frase "ejercita tu autocontrol" es una manera precisa de pensar en tu habilidad de ser disciplinado al enfrentar la tentación, como una destreza que puedes fortalecer. La ejercitas cuando eliges opciones sanas y la debilitas cuando cedes constantemente a placeres nocivos. Si eres del tipo de persona que nunca puede rechazar una rosquilla en la cafetería, si batallas para mantener una rutina de ejercicios consistente, o simplemente deseas dejar malos hábitos y adoptar costumbres más saludables, estas son noticias refrescantes. Puedes mejorar y progresar, no estás condenado al fracaso.

Un estudio llevado a cabo por un equipo de 14 investigadores, en el año 2011, reexaminó a un grupo de voluntarios que durante su niñez habían participado en el experimento del malvavisco, realizado en la Universidad de Stanford. Este fue un reconocido estudio sobre la postergación de las gratificaciones, realizado hace 4 décadas, que revisaremos detalladamente más adelante.

Los investigadores del estudio realizado en 2011 encontraron que aquellos sujetos, que en la investigación original de Stanford pudieron demorar la gratificación, poseían cortezas prefrontales más activas y diferencias clave en el estriado ventral -una región del cerebro vinculada a la adicción-, cuando trataban de ejercer autocontrol mientras eran tentados a elegir opciones poco saludables.

También resultaron ser uniformemente más exitosos que la media. Estas diferencias biológicas pudieron empezar siendo pequeñas al principio, pero se hicieron significativas en años posteriores.

Debido a nuestro aún limitado conocimiento del cerebro humano, es imposible decir cuánto de tu autodisciplina proviene de una predisposición genética y cuánto está determinado por el ambiente y la crianza. Lo que podemos decir con certeza es que, donde sea que hayas empezado, puedes cambiar y mejorar tu autodisciplina. Correr ejercita las piernas, por lo tanto, focalizar tus esfuerzos en las piernas mejorará la condición física. Lo mismo sucede con las regiones del cerebro identificadas en diversos estudios.

No debes sentirte desalentado si batallas por ganar autocontrol y disciplina en la edad adulta. Ciertamente hubiese sido más fácil aprender esas habilidades cuando eras más joven, de la misma manera que está demostrado que aprender un nuevo idioma es más fácil a una edad temprana, pero de ninguna manera es imposible que lo aprendas ahora. La autodisciplina y la fuerza de voluntad pueden ejercitarse consistentemente para lograr mejoras significativas con el paso del tiempo. Como cualquier otra destreza, en la medida en que practicas más la autodisciplina, más disciplinado serás.

Estas investigaciones también proveen evidencia razonablemente sólida en contra de consentir a los niños. Salirse siempre con la suya durante la infancia implica la subutilización y descuido de las regiones del cerebro que cimentan la disciplina, lo que trae como consecuencia un adulto que no está familiarizado con el control de sus impulsos y el pensar en las consecuencias de sus actos a largo plazo. Te puedes imaginar cómo puede afectar esto tu vida diaria.

<u>Foco y funciones ejecutivas</u>

El foco o concentración es uno de los principales pilares de la autodisciplina. Una persona que carezca de la habilidad de concentrarse en algo es casi seguramente una persona que carece de disciplina. El foco depende de algo que la neurociencia define como funciones ejecutivas.

Las tres funciones ejecutivas que conciernen más a la autodisciplina son la memoria de trabajo, el control de los impulsos y la flexibilidad cognitiva y adaptabilidad. Verás por qué es acertado llamarlas funciones ejecutivas. Tu cerebro debe contar con la habilidad de trazar y perseguir metas, establecer prioridades, filtrar distracciones y controlar inhibiciones inútiles.

Se ha demostrado que este conjunto de funciones tiene lugar en diferentes regiones del cerebro, que incluyen la corteza prefrontal dorsolateral, la corteza cingulada anterior, la corteza orbitofrontal y, adicionalmente, el área motora suplementaria y las áreas motoras cinguladas. Así como sucede con la autodisciplina y la fuerza de voluntad, la vinculación con estructuras concretas del cerebro implica que puedes mejorarlas específicamente.

Es claramente deseable incrementar el flujo sanguíneo a esas regiones del cerebro, responsables de las funciones ejecutivas, para mejorar y refrescar la disciplina. Por muchos años se ha afirmado que la meditación es la panacea para una gran cantidad de problemas, incluyendo la incapacidad de concentrarse y la indisciplina. De una manera quizás sorprendente para los escépticos, varias investigaciones confirman que meditar tiene ciertamente un efecto real. Escaneos de MRI hechos a voluntarios antes y después de participar en un curso de mindfulness de 8 semanas, revelaron resultados que respaldan de manera contundente a la meditación como un instrumento que fortalece áreas del cerebro responsables de las funciones ejecutivas y, por ende, refuerza la autodisciplina.

Asimismo, se ha demostrado que la meditación reduce el tamaño de la amígdala cerebral, la cual es responsable de las emociones primarias, instintos y reacciones que nos mantienen vivos. También es el centro de la reacción de lucha o huida, la cual aumenta nuestra excitación (para bien o mal) frente a cualquier amenaza percibida. Es el sistema de alarma de nuestro cuerpo. Esto implica que los participantes que meditaron serían menos susceptibles al miedo, impulsos emocionales y estrés, y mantener estas reacciones bajo control es útil para establecer las condiciones necesarias que fortalecen la voluntad.

Por añadidura, los escaneos de materia gris en la corteza prefrontal demostraron ser significativamente más densos. El crecimiento de la materia gris no estaba confinado solamente en la corteza prefrontal. La estructura cerebral ubicada detrás del lóbulo frontal, la corteza cingulada anterior, también se hizo más densa con la meditación. Esta región cerebral se asocia con funciones vinculadas a la autorregulación, tales como el monitoreo de conflictos de atención y la flexibilidad cognitiva. En otras palabras, la meditación puede tanto reducir los sentimientos y emociones que nos hacen perder el control, como aumentar nuestra capacidad para manejar esas emociones mediante mejoras fisiológicas de las estructuras cerebrales vinculadas a ellas.

Si la meditación no es todavía parte de tu rutina diaria considera incluirla. Es usual escuchar a algunas personas decir que no tienen tiempo para la meditación, y posiblemente estimen que dedicarle un espacio en la agenda sea programar tiempo improductivo. Pero si meditar unos cuantos minutos al día te hace más capaz de realizar funciones ejecutivas, el aumento de la capacidad de concentración y la disciplina en tus momentos de actividad ofrecerán más que una compensación por los escasos minutos de inactividad.

Es casi imposible lograr foco y autodisciplina separadamente. Ser disciplinado en la prosecución de tus metas a largo plazo solo es posible si puedes enfocarte consistentemente en las decisiones y acciones que te llevarán a lograrlas.

Fatiga de la fuerza de voluntad

Debido a sus fundamentos biológicos, la fuerza de voluntad y la autodisciplina no son recursos estáticos que puedas mantener cuando enfrentas una tentación constante. Ellas semejan más al depósito de gasolina de un automóvil. Usar tu fuerza de voluntad la reducirá de la misma manera que levantar pesas fatigará tus músculos. Los individuos que experimentan agotamiento de su fuerza de voluntad muestran también una disminución de la actividad cognitiva de su cerebro, además de niveles de glucosa en sangre más bajos que el de aquellas personas que no han hecho uso de su fuerza de voluntad. El cerebro de la persona que resistió comer una galleta una vez es diferente del de aquella que resistió 10 veces.

Esto significa que no importa cuan grande sea la fuerza de voluntad de alguien, si se le somete a suficiente tentación durante un periodo de tiempo muy largo, cederá eventualmente. No puedes correr por 40 horas seguidas porque, inevitablemente, te quedarás sin gasolina.

Roy Baumeister, psicólogo de la Universidad de Case Western Reserve, llevó a cabo un estudio en 1996 midiendo el fenómeno conocido como "desgaste de la fuerza de voluntad". Reunió a 67 participantes en una habitación con galletas recién horneadas y otras golosinas dulces, además de rábanos amargos. Algunos de los participantes fueron afortunados cuando se les permitió darse el gusto de comer dulces, mientras que a los otros sujetos solo se les permitió comer rábanos. Ambos debían ejercer su fuerza de voluntad.

No sorprende que quienes comieron rábanos estuvieran menos complacidos. Luego de haber sido sometidos a una tentación suficiente, según las consideraciones del grupo de investigación, los participantes se trasladaron a una nueva ubicación y se les entregó una prueba de persistencia en forma de rompecabezas, como tarea supuestamente ajena al experimento anterior. Los efectos del ejercicio de fuerza de voluntad fueron claros. Los participantes que solo comieron rábanos hicieron muchos menos intentos de resolver el rompecabezas y se rindieron en menos de la mitad del tiempo que aquellos que contaron con el permiso de comer las golosinas. Su fuerza de voluntad estaba disminuida, agotada, y estaban listos para tomar el camino con menor resistencia.

Las implicaciones del estudio son obvias. Los sujetos que fueron forzados a resistir los dulces agotaron su fuerza de voluntad en esa tarea, de tal manera que, cuando se les pidió participar en otra tarea difícil, ya estaban agotados. La cantidad es limitada y mientras pueda gastarse debemos ser cuidadosos con nuestra fuerza de voluntad o, de lo contrario, caeremos presa de la tentación oportuna.

Nuestros cerebros han evolucionado por cientos de miles de años para hacer de nuestra supervivencia diaria su prioridad principal. Sabes que vivimos una era moderna, donde niveles temporalmente bajos de azúcar en sangre y baja energía tienen pocas probabilidades de convertirse en condiciones que pongan nuestras vidas en peligro, pero, biológicamente, tu cerebro no está al tanto de esto. En consecuencia, tu cerebro entrará en modo supervivencia. Y el modo supervivencia es la luz verde para la gratificación instantánea y los atracones de comida, así como para una miríada de fallas en la autodisciplina.

Para garantizar que tu fuerza de voluntad y autodisciplina no se agoten, estarás bien servido cuando te asegures de no desafiar tu fuerza de voluntad en demasía cuando estés hambriento. Ejercitar tu autocontrol puede ser beneficioso, pero en última instancia, la manera más efectiva de mantener la autodisciplina es, simplemente, evitando las situaciones que presentan las más altas probabilidades de fracaso. Puede que tengas la fuerza de voluntad para evitar arriesgar el dinero que has ganado con tanto esfuerzo cuando te sientas en la mesa de ruleta, pero, insisto, quizás no. Por otro lado, tendrás un éxito seguro si, en primer lugar, no te acercas al casino.

Otro factor biológico que entra en juego en lo que respecta a la fuerza de voluntad es el estrés. Siempre que estamos sometido a mucho estrés regresamos a nuestro modo pánico de "huida o huida" y es más probable que actuemos de forma instintiva e irracional. El estrés desvía la energía de la corteza prefrontal y nos hace enfocarnos en los resultados a corto plazo, lo cual produce una influencia que nos lleva a tomar decisiones lamentables.

Existen muchas oportunidades para conservar tu fuerza de voluntad a diario y prevenir que llegue a niveles peligrosamente bajos. Todas esas posibilidades se reducen a disminuir la cantidad de fuerza de voluntad que debes usar, siendo inteligente respecto a las decisiones que debes tomar y frente a las tentaciones que debes resistir.

Por ejemplo, digamos que tienes ese problema común que es la adicción al azúcar. Es una de las adicciones más fáciles de desarrollar, puesto que el azúcar se encuentra oculto en casi todos los alimentos procesados, y nuestro prehistórico cerebro reptiliano todavía piensa que el azúcar y la energía que provee es un recurso escaso, que debemos aprovechar cada vez que está disponible.

Sabiendo que no tenemos una fuente ilimitada de fuerza de voluntad, ¿puedes imaginar lo difícil que es resistir esos sabrosos dulces una vez los tenemos en casa?

Es posible que puedas resistir las primeras veces que la tentación aparece en tu mente, pero es prácticamente inevitable que cedas a ella tarde o temprano. Esto es esencialmente cierto cuando te expones a ella continuamente.

Por lo tanto, el mejor momento para ejercitar algo de autodisciplina es en el supermercado. Puedes evitar los pasillos con todas las opciones poco saludables, para no arriesgarte a una falla en la fuerza de voluntad más tarde. En vez de forzarte a evitar la tentación de ir a la cocina y tomar una golosina poco saludable, evitas, en primer lugar, la tentación de comprarla. De esta manera, no te verás obligado a ejercitar la fuerza de voluntad infinitamente en casa, solo tendrás que manejarla por 10 minutos en la tienda.

Mientras tanto, puedes optimizar tu autodisciplina siendo aun más inteligente con las decisiones que debes tomar. En nuestro ejemplo del supermercado, habrá una diferencia significativa entre tratar de comprar un artículo saludable y evitar los pasillos con tus mayores tentaciones cuando tienes hambre que después de una comida que te ha dejado satisfecho. Así escoges crear las condiciones donde no debes hacer uso de la autodisciplina en momentos de vulnerabilidad.

Realizas la acción predeterminada, que a pesar de no ser la preferida, es la que hubieras hecho ejercitando tu fuerza de voluntad. Puede que esta no sea una lucha personal para ti, pero seguramente el concepto de intentar elegir sabiamente tus batallas en lo que respecta a la disciplina, puede ser aplicado a casi cualquier otro aspecto de la vida.

La disciplina en sí misma es bastante directa. Usualmente sabrás cuál es la opción más sana o mejor, y es solo un asunto de escoger esa opción consistentemente, aun cuando otras alternativas ofrezcan una gratificación inmediata. Lo que hace realmente la diferencia es ser *consciente* de la disciplina. La meta es hacer lo más fácil posible para ti la posibilidad de que seas disciplinado. La mejor manera de lograr esa meta es siendo consciente de los factores que fatigarán tu fuerza de voluntad y colocándote en las circunstancias más favorables posibles.

Recuerda que la disciplina está determinada por la biología y, sea que la tienes consistentemente o consistentemente fracasas en tenerla, la disciplina se programará en tu cerebro como cualquier otro hábito. Empieza por hacer más fácil para ti su ejercicio y es probable que empieces a tener más éxito. En la medida que practiques más la disciplina consciente y hagas habitual el ejercicio de tu fuerza de voluntad, fortalecerás más esas funciones. Ese es el camino para incrementar de manera sostenida la disciplina en tu vida diaria.

Conclusión: Puede que no sorprenda que la autodisciplina tiene fundamentos biológicos. Esto significa que, como muchos de tus músculos, puede ser entrenada, agotada y gastada. Esto último es conocido como la fatiga de la fuerza de voluntad. Eso está bien porque te ofrece un modelo para lidiar con tu autodisciplina: puedes aumentarla, puedes colocarte en situaciones que la conserven. También significa que puedes influir en tu autodisciplina de forma positiva mediante comportamientos y hábitos cotidianos.

Capítulo 2. ¿Qué pulsa tus botones?

En el capítulo 1 mencionamos algunos de los escenarios más obvios para los que necesitamos disciplina, como la dieta y el ejercicio. En esos casos, la disciplina no se aplica arbitrariamente, sino dirigida a un propósito específico o un conjunto de razones. Algunos comportamientos son desinhibidos, mientras un conjunto específico se somete a control. Una persona que cambia su dieta o inicia un régimen de ejercicios lo hace porque quiere sentirse y verse más saludable, en forma y más atractiva. Hay una meta específica en mente, un resultado concreto que supuestamente justifica el trabajo y el empleo de la fuerza de voluntad.

Conocer el resultado exacto que deseas es una parte esencial de la autodisciplina. Debes ser capaz de nombrarlo, describirlo y sentirlo. De otra manera solo te fuerzas a sentirte incómodo con la vaga idea de que debes hacerlo. Es como marchar en un ejército sin saber contra quién vas a combatir o incluso por qué estás allí.

Es imposible mantener la disciplina sin tener una idea clara en tu mente de lo que quieres hacer. Por supuesto, cada quien encuentra motivación en diferentes cosas y de diferentes maneras, pero existen algunas motivaciones universales que podemos considerar. Descubrir la manera específica en que te motivas es fundamental para alcanzar metas a largo plazo, porque brinda más energía para el logro. Es peligroso depender exclusivamente de la autodisciplina y arrastrarte fuera de la cama.

Si tuviéramos una fuente infinita de motivación, quizás cosas como la desidia, pereza, distracciones y tentaciones dejarían de ser un problema. No obstante, en el mundo real, mantener niveles máximos de motivación es un planteamiento difícil incluso para las personas más apasionadas. Por eso es importante precisar qué te mueve.

Descubrir la motivación

Sentirse motivado implica sentir entusiasmo por algo. Pero desafortunadamente, a excepción de unos pocos suertudos, gran parte de nuestras vidas está dedicada a hacer cosas que no son muy emocionantes. Esto es aplicable a nuestros trabajos y carreras. En esos momentos carentes de emoción puede haber grandes beneficios en descubrir motivantes poderosos, de los cuales no te has percatado. Recordar el "porqué" de tus acciones te mantiene con los pies en la tierra y te provee de energía para superar las dificultades. Puedes verlo como una luz de esperanza o la razón que verdaderamente te hace levantar cada mañana.

Puede ser impactante saber lo mucho que malinterpretamos aquello que nos motiva. Por ejemplo, ¿qué te motiva de tu trabajo? Puede que estés profundamente equivocado. Los psicólogos Teresa Amabile y Steven Kramer ilustran nuestra ignorancia al respecto.

Luego de entrevistar a 600 gerentes, un increíble 95% de ellos pensaba de manera errónea que sus empleados se sentían más motivados por sus ingresos económicos, bonos y ascensos. Su cultura laboral entera estaba fundamentalmente equivocada y no estaba dirigida a los intereses de sus propios empleados.

Un análisis profundo de los registros en los diarios de 12.000 empleados reveló que el máximo estímulo a la productividad en el trabajo no eran las finanzas o el estatus. La gente encontraba más incentivos para trabajar cuando sentía que avanzaban consistentemente hacia una meta trascendente. El aliciente estaba en la sensación de avanzar, mejorar y, en general, crecer.

Promesas de bonos, aumentos e, incluso, reconocimientos no harán que los empleados trabajen más duro. Vincular su trabajo con el crecimiento personal y una meta integral sí lo hará. Una cosa es ser bueno en baloncesto, pero ser apenas capaz de driblar una pelota y ser capaz de driblar la pelota entre tus piernas en una semana es un incentivo mucho más fuerte.

Si acaso esas 12.000 entradas de diarios no fuesen suficiente evidencia, otra reconocida investigación conducida por el Dr. Edward Deci tomó un enfoque distinto para aclarar cuáles son los factores que mejor contribuyen al compromiso con la labor realizada. Deci midió cuánto tardaban en rendirse los participantes de su estudio cuando se les pedía resolver un difícil rompecabezas. Los participantes fueron divididos en dos grupos iguales. Al primero se le ofreció una recompensa en efectivo si resolvían el rompecabezas. A la otra mitad de los participantes no se les ofreció recompensa por realizar la tarea.

El primer día los resultados fueron lo que probablemente esperabas. El Grupo A trabajó casi el doble de tiempo que el Grupo B para resolver el rompecabezas. No obstante, al día siguiente, Deci dijo a los participantes del Grupo A que esta vez no habría suficiente dinero para pagarles por resolver la tarea. Comprensiblemente, los participantes del Grupo A no estaban tan entusiasmados como el día anterior con el rompecabezas y se rindieron rápidamente. Mientras tanto, el Grupo B incrementó en cada intento sucesivo el tiempo invertido en resolver el acertijo, a pesar de no haber recibido una oferta de dinero por su esfuerzo.

Por un lado, la investigación demostró que el dinero es un poderoso incentivo a corto plazo. Es el fruto más bajo y la cura más obvia para nuestros problemas e infelicidad. Pero después de cierto punto deja de importar. Por otra parte, parece que involucrarse en el logro de una meta -en este caso, trabajar en solucionar un rompecabezas durante dos días- demostró ser más sostenible y efectivo en el largo plazo. Cuando enfrentas un desafío que quieres superar y vencer, estás atento y motivado por el solo hecho de querer triunfar. Es el caso de cualquier videojuego alguna vez lanzado al mercado.

Estos resultados, de alguna manera sorprendentes, llevaron a los investigadores a preguntar qué otras cosas impactan nuestra ética de trabajo y autodisciplina. Además de la sensación de progreso y compromiso han llegado a establecer tres categorías principales de motivantes: autonomía, maestría y propósito.

Nuestro deseo de autonomía implica que queremos tomar nuestras propias decisiones y dirigir nuestras vidas. Considera, por ejemplo, a dos jóvenes e imaginativos estudiantes a quienes se pide hacer un puente con Legos. Si uno recibe un juego de instrucciones exactas que debe seguir al pie de la letra y al otro se le permite diseñar algo original, ¿quién crees que se comprometerá más con la construcción del puente? Probablemente aquel a quien se le permita seguir su propia visión y crear algo único. Frecuentemente, la manera más beneficiosa de ayudar a otros a ser más productivos y comprometidos es simplemente darles vía libre y permitirles seguir sus propias ideas e intuición.

El segundo motivador, la maestría, hace referencia a nuestro impulso innato de mejorar lo que hacemos. Para tener una idea del fuerte impacto que tiene la maestría sobre nuestra disciplina, piensa en la legendaria ética de trabajo de Kobe Bryant. Cuando le preguntaban por qué entrenaba a las 4:00 am o por qué llegaba al gimnasio de primero, respondía que lo hacía porque quería ser el mejor jugador de baloncesto posible. Cualquier persona altamente motivada a lograr la maestría de su oficio, estará más dispuesta que la persona promedio a hacer sacrificios y a ser disciplinada en su búsqueda. Además, debido a que es virtualmente imposible lograr la perfección en cualquier oficio, se cuenta con un impulso inagotable.

Y luego está el propósito, la sensación o intención de que podemos impactar en el mundo. En muchos casos, la disciplina sin propósito se sentirá como sufrimiento sin sentido. Por ejemplo, alguien que no siente el llamado de ayudar a personas enfermas o heridas, probablemente no será tan disciplinado en la escuela de medicina como quien ha escuchado el llamado. El deseo de tener una vida plena de sentido, y contribuir de una manera útil a la sociedad es una parte integral del ser humano. Una persona que se encargue de una obra de beneficencia probablemente esté más imbuida de una gran motivación, que alguien que solo hace una contribución en el banco para alguna causa benéfica.

¿Con cuál de estas situaciones te sientes identificado? Sea lo que fuere aquello que quieres lograr, es imperativo para tu éxito que puedas ubicarlo en estos tres contextos de motivación. Puedes darle el giro que prefieras, pero si tu meta no está relacionada con la autonomía, maestría o propósito, el camino para alcanzarla será más difícil.

Motivación extrínseca versus motivación intrínseca

Aunque hay muchos tipos y sabores, todos tus motivantes personales terminan agrupados en dos categorías básicas: extrínsecos e intrínsecos. La motivación extrínseca se refiere a aquello que depende de otras personas, de factores ambientales o sociales. Por otro lado, la motivación intrínseca se refiere a lo que depende de uno mismo, y se basa, fundamentalmente, en necesidades y deseos personales.

Ambos tipos de motivación pueden ser utilizados de manera efectiva, pero es importante ser honesto en nuestra evaluación respecto al grupo al que pertenecen nuestras motivaciones. Estar consciente de esto determinará cómo recompensas tu buena disciplina y cómo te castigas cuando tu disciplina falla. A saber, muchas personas se categorizan a sí mismas como poseedoras de motivaciones intrínsecas cuando, casi exclusivamente, su estímulo es extrínseco.

Los motivantes extrínsecos pueden incluir también la búsqueda de placer, los refuerzos positivos e incluso los sobornos. Nuestros impulsos hacia la acumulación de riqueza, reproducción y a lograr un alto estatus social se engloban en esta categoría. Esto sucede cuando hacemos cosas para otras personas, en lugar de hacerlas para nosotros mismos. Son el tipo de estímulos que nos hacen sentir vulnerables a la crítica.

También estamos motivados de manera extrínseca cuando eludimos el sufrimiento expresado en el dolor, miedo, refuerzos negativos, amenazas e infelicidad, entre otras cosas. El miedo a la inestabilidad financiera puede ser un fuerte aliciente para trabajar duro y evitar que te despidan, mientras que ser infeliz en el trabajo puede ser un fuerte motivante para invertir tiempo y energía en la búsqueda de alternativas laborales más agradables. Generalmente, la gente prefiere estar tan cómoda y feliz como sea posible, pero esto requiere que uno o más de estos estímulos negativos nos fuercen a ser disciplinados para hacer algún cambio.

No obstante, el más grande estímulo extrínseco es cómo nos perciben otros. Los monjes budistas pueden dedicar una gran parte de sus vidas a aprender cómo evitar actuar a consecuencia del ego, del orgullo, la inseguridad o el deseo de poder, pero esas cosas pueden ser las fuerzas que impulsen nuestro éxito en el mundo material. En el mismo sentido, también buscamos la aceptación de nuestros compañeros y muchos puede que incluso se amolden socialmente para complacerlos. Por ejemplo, un joven estudiante cuyos compañeros de clase juegan juntos videojuegos en línea de noche, tendrá más disciplina para hacer sus deberes temprano, y así poder jugar, que un estudiante que no tiene ninguna interacción de noche con sus compañeros.

Tomando en cuenta la disciplina y dedicación que necesita un monje para abandonar la motivación extrínseca, no sorprende que abunde una cantidad de personas al otro lado del espectro que utilizan esos incentivos para mantener la disciplina en la búsqueda de sus metas. Ser socialmente exitoso y apreciado por otros es suficiente para impulsar a algunos a la realización de cosas asombrosas, mientras que reconozcas esto de manera honesta y no pretendas ser un persona diferente a ti mismo.

Muchas personas alcanzan el éxito cuando abandonan los incentivos extrínsecos y realizan una introspección de sus motivaciones intrínsecas, es decir, sus necesidades y deseos personales.

Todos necesitamos alimento, agua y techo para sobrevivir, así como contacto humano para nuestra estabilidad mental. Si careces de esas cosas, todo lo demás quedará en segundo lugar mientras satisfaces las necesidades básicas para tu supervivencia.

Luego de satisfacer estos requerimientos fundamentales nuestro siguiente deseo intrínseco es la satisfacción personal y plenitud. Esto puede significar tener un trabajo que sea sumamente interesante o que produzca un impacto positivo en los demás, o encontrar satisfacción y sentirte pleno como consecuencia de tus relaciones con tus amigos y tu familia.

La satisfacción y la plenitud, frecuentemente, se manifiestan como logros, así como en forma de crecimiento personal y progreso. Algunas de las personas más disciplinadas del planeta -atletas con reconocimiento mundial- están probablemente motivados por estos sentimientos cuando invierten las incontables horas de práctica y preparación necesarias para competir en los más altos niveles del deporte que practican.

En última instancia, lo importante respecto a la disciplina es, simplemente, que estés motivado y que reconozcas esas motivaciones. Mantener la disciplina es imposible sin la motivación suficiente, y, de la misma manera, el logro de metas intrínsecas y extrínsecas es imposible si no somos disciplinados.

La teoría de la motivación de Aristóteles

Se atribuye a Aristóteles, el famoso filósofo, la creación de una de las primeras guías sobre la motivación humana. Desarrolló un trabajo llamado *La Retórica* durante el curso de dos estancias en Atenas. La primera entre el 367 y el 347 AC y la segunda entre 335 y 332 AC.

En el libro primero, capítulo 10, de *La Retórica*, Aristóteles plantea sus 7 causas para la acción humana. En resumen, todas las acciones son motivadas, emocional o racionalmente. Buscamos cosas placenteras y actuamos para reducir el dolor y el sufrimiento.

La primera causa de las acciones mencionada por Aristóteles es el azar. Se refiere a los eventos que ocurren sin una causa o propósito determinado y aquellos que, en apariencia, suceden de manera esporádica o aleatoria. Por ejemplo, imagina cómo te sentirías después de encontrar a un viejo amigo, que no has visto en años, y enterarte de que es extremadamente exitoso. Puede que te alegre, pero es posible que también sientas un poco de envidia o pesar. Esos sentimientos pueden motivarte a perseguir tus propias metas disciplinadamente y con un entusiasmo renovado. Un evento que tenía una baja probabilidad de ocurrencia puede servir como un catalizador que transforme tu vida, bajo condiciones adecuadas.

Luego del azar, hay dos subcategorías de motivadores que no responden a nuestras propias acciones o a la suerte y obedecen, más bien, a la necesidad.

Una subcategoría de los motivadores originados en la necesidad es la **naturaleza,** es decir, aquellas cosas que tienen una causa interna y fija, que tienen lugar y que ocurren de una manera relativamente uniforme en el transcurso del tiempo. Puede que sea difícil apagar Netflix cuando miras un programa muy entretenido, pero

tendrás la motivación para hacer uso de un poco de disciplina y apagar el televisor.
Esto es así porque tienes una necesidad natural de dormir. Ignorar esa necesidad por demasiado tiempo traerá consecuencias negativas para tu salud.

Los motivadores restantes, originados en la necesidad, y que no corresponden a la categoría natural, son las compulsiones.
Una compulsión es una acción que alguien puede sentirse motivado a hacer, a pesar de ser contraria a sus deseos o a la razón. Alguien puede querer estar en forma y ser saludable, comprender que debe comer bien y ejercitarse, pero puede, a la vez, sentirse obligado a comer alimentos poco saludables o saltarse un día de gimnasio. Es algo que se aloja en el cerebro y no le permite sentirse normal hasta que toma parte en ello.
Normalmente, es necesaria una gran dosis de autodisciplina para poder superar la compulsión.

A continuación encontramos los **hábitos**. Estos motivantes, de manera similar a las compulsiones, requieren de un fuerte uso de disciplina para poder actuar en la manera que deseas. Desarrollar un buen hábito, como meditar, implica ejercer disciplina para construirlo y mantenerlo hasta convertirlo en parte de tu naturaleza.

Después de que un hábito se convierte en parte de tu naturaleza, romperlo será difícil. Especialmente, en el caso de una adicción a las drogas, la cual te hace sentirte obligado, mental y físicamente, a continuar con ese comportamiento pernicioso. La disciplina para evitar tentaciones y la fuerza de voluntad para luchar contra los deseos que te asaltan serán necesarias para superar cualquier mal hábito.

Los estímulos racionales se desarrollan desde el raciocinio. Son las acciones que demuestran ser constructivas en el logro de una meta o en la realización de algo saludable y deseable. Ser disciplinado y aplicado en los estudios universitarios no es fácil, pero un estudiante puede motivarse racionalmente para hacerlo, si sabe que eso le ayudará a obtener el trabajo que desea.

Desafortunadamente, no siempre somos capaces de ser racionales. Otro par de motivantes son la **ira** y la **pasión**, que se derivan de emociones fuertes e impulsos. Alguien puede, por ejemplo, en un momento altamente emotivo, tener la motivación de dañar su integridad para herir a otra persona. Será necesaria disciplina en la toma de decisiones y consciencia de los patrones mentales para evitar ese impulso potencialmente dañino.

Finalmente, la última de las siete causas de la acción definidas por Aristóteles es nuestro **apetito de placer.** Luego de que tus necesidades básicas están satisfechas, podemos ser guiados irracionalmente por nuestros deseos, de tal forma que, incluso, nos lleven a actuar contra nuestros propios intereses. Puede que vayas a la tienda para comprar algo imprescindible y termines encontrándote con un carro de compra lleno de cosas que no necesitas y en las cuales no tenías planeado gastar dinero, simplemente porque no fuiste lo suficientemente disciplinado para superar tu apetito por los placeres del materialismo.

La mayoría de la gente piensa en la motivación solo desde su aspecto positivo. Creen que con un poco más de motivación pueden trabajar más duro y ser más exitosos. No obstante, en lo relativo a la disciplina, la motivación, por sí misma, es neutral. Tu entendimiento de aquello que te incita a actuar, tanto de manera positiva como negativa, determinará cuán efectivamente ejerces la disciplina para lograr tus metas.

Corre por tu cuenta el ser lo suficientemente disciplinado para evitar y resistir los impulsos negativos y tener un claro entendimiento de los estímulos positivos que pueden ayudarte a mantener tu autodisciplina.

Conclusiones: La autodisciplina es importante pero también lo es contar con la motivación adecuada, para que la autodisciplina no sea necesaria. Lo que piensas es tu motivación, puede que realmente no lo sea. Es importante que seas honesto contigo mismo. Varias investigaciones han demostrado, de manera consistente, que las posesiones materiales son un estímulo pobre. Por el contrario, la sensación de progreso personal, autonomía, maestría y propósito son estímulos mucho más efectivos a los que aferrarse. Otros factores incluyen los motivadores extrínsecos e intrínsecos y la teoría de la motivación de Aristóteles.

Capítulo 3. Tácticas de disciplina de los Navy SEALs

Disciplina equivale a libertad, Jocko Willink, excomandante de los NAVY SEALs

Cuando quieres esforzarte para mejorar y conseguir logros, puedes dirigirte a los verdaderos expertos en la materia.

En lo relativo a la autodisciplina, la unidad de élite de la Armada estadounidense, conocida como Navy SEALs, es la crema y nata. SEAL son las siglas en inglés para Sea, Air and Land (mar, aire y tierra) y los individuos que logran convertirse en SEALs son famosos por su habilidad, disciplina, consistencia y capacidad. Para ser un SEAL es necesario un profundo entrenamiento; de hecho, la mayoría de los soldados que inician el programa de preparación no logran finalizarlo. Aquellos que sí lo logran encarnan el arquetipo del guerrero y personifican la frase: "mente sobre materia". Estas mujeres y hombres poseen la fortaleza mental y la tenacidad física para realizar cualquier misión que les asignen, y para perseverar y soportar dificultades extremas. Sus propias vidas dependen de ello.

La regla del 40%

Maximizar el potencial humano en la forma en que los Navy SEALs lo hacen ha derivado en el desarrollo de la reconocida regla del 40%.

La regla del 40% es directa. Dice que cuando la mente de un individuo empieza a decirle que está física o emocionalmente agotado, en realidad solo ha empleado un 40% de su capacidad. En otras palabras, pueden rendir un 60% más con tan solo creerse capaces de ello. Cuando piensas que has alcanzado tu límite ni siquiera estás cerca, y continuar o no tan solo depende de que puedas creerlo. Es una cuestión de fe sentir que has alcanzado el límite y ser capaz de decirte a ti mismo que solo has agotado un 40%. Es la aceptación del dolor.

Usualmente estamos listos para abandonar en el momento en el cual empezamos a sentir dolor o apenas estamos forzando nuestros límites. Pero ese punto es solo el principio de nuestra capacidad y la clave para liberar un mayor potencial es superar el dolor inicial y las dudas sobre nuestras posibilidades, que surgen con él. Manteniendo la fe en ti mismo te demuestras que puedes hacer más y la evidencia fortalece tu confianza y tu resistencia mental.

Puede que, por ejemplo, empieces a experimentar dificultad después de la décima flexión. Oyes una voz en tu cabeza que te dice que estás muy cansado, dolorido o débil para continuar. Pero si le das una pausa a esa voz y te esfuerzas por hacer una más, le restas crédito al argumento de que no puedes hacerlo. Una pausa y haces otra, y luego otra. Y luego otra y, de repente, ya son 20. Puede que te lo hayas tomado con calma pero has duplicado la cantidad de flexiones que creías eras capaz de hacer.

Tener fe en que puedes hacer más lo convierte en una realidad. Te permite ir más allá de los límites que te impusiste en tu propia mente. Y una vez sientes el dolor y el impulso de abandonar luego de la décima flexión y lo superas y haces 20, sabes que tu fortaleza mental te ayudó a perseverar. La próxima vez que enfrentes un desafío, te sentirás más capaz y preparado para superar tus supuestos límites nuevamente. En pocas palabras, esto encarna la autodisciplina. Es verdaderamente importante saber cuánto dolor puedes soportar, y reconocer que la mayoría de nosotros solo nos doblaremos pero nunca nos romperemos.

Nuestra mente puede ser nuestra amiga cuando tenemos una fe sólida en nuestra capacidad, pero puede ser venenosamente enemiga si permitimos que la negatividad tome el control. Está en tus manos fortalecerte siguiendo la regla del 40% en lugar de tirar la toalla mentalmente ante la primera señal de resistencia.

Imagina que decides competir en una carrera de 5 Km, o incluso en un maratón, a pesar de estar fuera de forma. Inevitablemente, luego de correr un rato empezarás a respirar aceleradamente, tus piernas se sentirán más pesadas y puede que comiences a cuestionarte. Puedes rendirte con facilidad en ese momento y ahorrarte el dolor y las molestias adicionales. Pero si las circunstancias fueran diferentes y estuvieses huyendo de alguna amenaza, debido al sentido de autopreservación podrías, sin duda alguna, continuar más allá del primer deseo de rendirte. Con la excepción de las lesiones masivas, podrías terminar si crees que el dolor es parte del proceso. Es una cuestión de creer que puedes o no.

En realidad, la mayoría de nosotros no tenemos la menor idea de nuestras verdaderas limitaciones físicas y mentales. Nuestras vidas son mucho más seguras y cómodas que las de nuestros ancestros, y eso trae consecuencias indeseables en lo referente a la fortaleza mental. No nos ponemos a prueba y no sabemos de qué somos capaces. Ahora la mayoría de la gente que busca desafíos intensos son quienes, como resultado, terminan aprendiendo a ser disciplinados y ganan fortaleza mental, mientras el resto continúa llevando una vida cómoda, ignorantes del total de sus capacidades.

En caso de que estés escéptico de los méritos de la regla del 40%, a continuación mostraré evidencia científica que puede ayudar a convencerte. A través de los años, numerosos estudios han demostrado el efecto placebo -un efecto tangible en el desempeño, causado por la simple creencia de que algo que has hecho puede incidir en tu actuación-. Tiene un impacto significativo, especialmente entre los atletas. La legitimidad del efecto placebo sugiere que tu fortaleza y resistencia mental juegan un papel protagónico sobre tus habilidades físicas. En otras palabras, si lo crees, así será.

Una demostración poderosa del efecto placebo proviene de un estudio del 2008 publicado en el *European Journal of Neuroscience (Revista Europea de Neurociencia)*. La investigación encontró que al darle a los participantes una píldora azucarada y decirles que era cafeína, estos trabajaban significativamente más duro en el levantamiento de pesas. La creencia de que poseían energía y fuerza adicional permitió a los participantes alcanzar cimas más altas de su potencial, sin siquiera ser conscientes de ello.

Existe consenso científico acerca de que el efecto placebo no es un engaño, casualidad, sesgo experimental o una anomalía estadística. Por el contrario, es una profecía autocumplida, donde el cerebro humano anticipa el resultado y luego produce ese resultado por decisión propia. De hecho, el efecto placebo sigue de cerca el mismo tipo de patrones que realizaría el cerebro cuando efectivamente produce los efectos deseados. Los investigadores han ilustrado este fenómeno al demostrar que los placebos siguen la misma curva de respuesta que los medicamentos reales. Dos píldoras alivian más que una, una píldora grande tiene un efecto más fuerte que una pequeña, etcétera.

Cuando tomas en consideración el efecto placebo, rápidamente caes en cuenta del poder de nuestras mentes. Innumerables estudios apoyan la conclusión de que el efecto placebo es el resultado de cambios químicos resultantes de la producción de endorfinas. Basta creer que puedes incrementar el esfuerzo en un 60% para hacerlo posible.

Aparte de los estudios sobre el desempeño atlético, el ejemplo clásico del efecto placebo lo encontramos en la investigación médica, donde algunas personas reciben píldoras inocuas, pero experimentan los mismos efectos que los participantes que reciben medicación o vitaminas. Un caso interesante es el de individuos que reciben analgésicos placebo y reportan alivio del dolor. Que el efecto placebo pueda tener un impacto sobre el dolor sugiere que cualquier proceso controlado por nuestro cerebro puede ser engañado si se tiene una expectativa positiva.

Entonces, el efecto placebo puede ser utilizado para mejorar el desempeño, pero ¿cómo puede ser aplicado a la autodisciplina?

No te imaginas cómo cambian las probabilidades de superar una adicción fuerte según tu actitud frente a ella. Creer que será duro y que podrías no ser capaz hará el fracaso más probable que si esperas poder superar la adicción. Esto no quiere decir que debas ser ingenuo y tomes el desafío a la ligera, sino que es más factible que obtengas los resultados que esperas si tu actitud es positiva.

Para cualquier meta que tengas, la lucha por mantener tu disciplina podrá ser superada cambiando tus expectativas. Tanto la regla del 40% como el efecto placebo demuestran, en definitiva, que todos nosotros somos más capaces de lo que creemos. Cuando te encuentres dando excusas por tu falta de disciplina, considera esos dos fenómenos y pregúntate si tus excusas son legítimas. Frecuentemente, las causas que subyacen bajo las fallas en la disciplina son las creencias que albergamos en nuestras mentes de que no podemos hacer algo. Tener la expectativa de ser capaz, exitoso y disciplinado hará posible que lo seas más que en el momento presente.

Control de la excitación

Como resultado de cientos de miles de años de evolución, hemos desarrollado reacciones reflejas y respuestas neuroquímicas a los estímulos, que con frecuencia son contraproducentes para un desempeño óptimo. Como mencionamos en el capítulo anterior, la respuesta de huida o lucha es una de ellas, puesto que te coloca en un estado masivo de excitación fisiológica y deja tu mente en blanco, perdiendo toda disciplina y fuerza de voluntad en aras de la supervivencia. Estas respuestas contribuyeron a incrementar las oportunidades de sobrevivir, pero desafortunadamente no tienen mucho lugar en la sociedad moderna.

Ser capaces de relajarnos y enfocarnos para evitar las reacciones naturales al estrés es esencial para la autodisciplina. La gente común no puede controlar respuestas reflejas, como manos temblorosas y palmas sudorosas, porque estas son reacciones controladas por hormonas poderosas, incluyendo el cortisol y la adrenalina.

Secretamos hormonas en altas dosis cuando estamos bajo mucho estrés o sentimos miedo y controlar esas secreciones al momento es casi imposible para nosotros.

No obstante, sucumbir a una respuesta indeseada puede significar la diferencia entre la vida y la muerte para un Navy SEAL. Como te habrás imaginado, ellos cuentan con algunas técnicas que les permiten mantener una mente clara, incluso en los entornos más peligrosos y estresantes. Una de esas técnicas, que cualquiera puede utilizar con facilidad, se conoce como box breathing -respiración en caja- (Mark

Divine). Esto significa que cuando un SEAL se percata de que se siente abrumado, recupera el control enfocándose en su respiración: inhala por cuatro segundos, sostiene el aire por cuatro segundos y luego exhala por cuatro segundos, repitiendo el ciclo hasta sentir que disminuye su frecuencia cardíaca y se normaliza.

Una mente estresada es una mente ineficiente y poco creativa, entonces es crucial para ti mantener la calma para emplear todo tu potencial en tu desempeño. El box breathing es fácil de implementar y si funciona para los Navy SEALs, definitivamente funcionará para nosotros. La técnica, en realidad, es muy simple, pero el punto clave es ser capaces de reconocer cuando la excitación puede salirse de control y sabotear la autodisciplina.

En cualquier momento que sientas tu pulso acelerarse y que las palmas de tus manos empiezan a sudar, trata de enfocarte en tu respiración para tomar las riendas de tus reacciones indeseadas. Si puedes emplear el box breathing a la primera señal de excitación física o estrés te irá bien, porque serás capaz de controlarlo. Es más fácil detenerlo que manejarlo.

La meditación frecuentemente implica enfocarse en la respiración y tiene un efecto similar sobre la reducción de los instintos de lucha y huida. Como quiera que lo abordes, el control de la excitación puede hacer una diferencia del cielo a la tierra. Quizás, la próxima vez que esperes ansioso antes de hablar frente a una audiencia o antes de un examen importante puedas darle uso. Sea lo que fuere que te estrese, podrás manejarlo mejor con una mente clara.

¿Metas más grandes equivalen a mejores resultados?

¿Las probabilidades de que tengas éxito cambian si tus metas son más ambiciosas? Una cantidad sustancial de investigaciones sugiere que sí lo hace.

Edwin A. Locke y Gary P. Latham en su obra *Nuevas direcciones en la teoría del establecimiento de metas* declaran que: *"Si una persona está comprometida con una meta, cuenta con las habilidades requeridas para lograrla, y esa meta no entra en conflicto con otras, hay relación positiva lineal entre la dificultad de la meta y el desempeño de la tarea."*

Para ponerlo de otra manera, establecer retos desafiantes pero realistas aumenta tu desempeño en la procura de esas metas. Las metas modestas no nos inspiran de la misma manera que las desafiantes, lo cual resulta en un esfuerzo insuficiente para alcanzarlas. Es fácil ver como este esquema se ajusta a la regla del 40% de los Navy SEALs.

Imagina que viajarás al extranjero pronto y que quieres aprender el idioma de tu destino de antemano. Hallazgos científicos sugieren que establecer una meta ambiciosa, como lograr un nivel intermedio del nuevo idioma en unos pocos meses, tendrá más probabilidades de lograr buenos resultados que una meta modesta como solo hablar lo básico. El compromiso de tiempo para la meta ambiciosa puede ser mayor, pero es más factible que con ella tengas la motivación adecuada para ser disciplinado y así lograr tu objetivo.

Hay una regla incluso más simple, desarrollada por Grant Cardone, que puedes utilizar para determinar qué tan elevadas son tus metas. Se llama la regla de 10X, y establece que debes establecer objetivos 10 veces superiores a lo que piensas que quieres y luego invertir 10 veces más acción de la que piensas que es necesaria para lograr esos objetivos.

La regla de 10X sale de las casillas a propósito. La idea es forzarte a cambiar cómo piensas acerca de tus propias posibilidades y cómo planeas actuar. Debes percatarte de que tus pensamientos y acciones te han llevado al lugar en que te encuentras en la vida y si quieres avanzar y lograr más, primero tienes que empezar a pensar y actuar más allá de lo que consideras la norma. 10 veces más que cualquier cosa puede parecer impactante, pero quizás sea justo eso lo necesario.

Toma la pérdida de peso como ejemplo. Digamos que quieres perder 10 libras, pero luego de aplicar la regla de 10X, planeas entonces perder 100 libras. Quizás no tengas 100 libras que perder, pero el punto es cómo abordas el cambio basado en tu meta. Perder 10 libras puede requerir cambios de dieta y ejercicios por algunas semanas, pero después puedes caer de vuelta en viejos hábitos. Por otro lado, perder 100 libras requiere una transformación completa de estilo de vida, que tomará un esfuerzo significativamente mayor y requerirá más disciplina, pero además proveerá resultados sostenibles a largo plazo.

Si te sientas en un automóvil por solo 10 minutos, no te prepararás para el viaje y quizás ni siquiera te ajustes el cinturón. Pero si el viaje fuera de 100 minutos de duración ¿Cómo cambiarían los preparativos? Elegirías la música para el viaje, traerías refrigerios, llenarías el tanque de gasolina y definitivamente utilizarías el cinturón de seguridad.

La clave está en que dejes de menospreciarte. Cree que eres capaz de hacer más de lo que piensas, planea lograr más y luego ejecuta un plan con disciplina y esfuerzo. Es muy común asumir expectativas mediocres de nosotros mismos para sentirnos menos decepcionados cuando fracasamos. Pero si no estás dispuesto a ir por más, quedarás atrapado en la mediocridad.

La regla de los 10 minutos

En vista del desarrollo de nuestros cerebros es razonable pensar que los humanos somos mejores tomando decisiones que cualquier otro primate.

Es de alguna manera sorprendente, por lo tanto, descubrir los resultados de un reconocido experimento de la Universidad de Harvard que estudió la disciplina entre humanos y chimpancés. El punto crítico del experimento fue cuando los investigadores le dieron la misma elección tanto a los humanos como a los chimpancés -tomar dos golosinas o esperar dos minutos y recibir seis-. Un 72% de los chimpancés escogieron esperar mientras que solo un 19% de los humanos lo hizo. Los chimpancés no son más inteligentes que nosotros, entonces ¿qué produce esta discrepancia contraintuitiva en la buena toma de decisiones?

Bueno, el problema reside en cuán desarrollado está nuestro cerebro. Cavilamos demasiado sobre decisiones con respuestas obvias y somos capaces de racionalizar malos comportamientos que nos roban los resultados que deseamos. No estamos siempre seguros de cuál es una verdadera razón y cuál es una justificación o excusa. Puedes imaginar como esto disminuye nuestra eficacia en general.

Aquí es cuando entra la regla de los 10 minutos: si quieres algo, espera por lo menos 10 minutos antes de obtenerlo. Es simple y no deja lugar para el debate o las excusas. Cuando sientas una tentación, oblígate a esperar 10 minutos antes de ceder. Si todavía sientes el deseo después de este tiempo, satisfácelo. O espera 10 minutos más, porque ya lo hiciste una vez y sobreviviste sin inconvenientes. Simplemente, al elegir esperar restas "inmediatez" a la gratificación inmediata, desarrollando la disciplina y mejorando la toma de decisiones.

De manera similar, si sientes el deseo de abandonar algo beneficioso, solo espera 10 minutos. Es el mismo proceso mental aplicado de manera diferente. 10 minutos es nada, por lo que puedes continuar y resistir durante ese tiempo con facilidad. Luego, si lo haces una vez es fácil de repetir, ¿no es cierto?.

Otro uso beneficioso de ese proceso mental es la progresión decidida de los buenos hábitos. Si haces algo productivo puedes continuar por cinco minutos más después de sentir el deseo de abandonarlo. La próxima vez hazlo por seis o siete minutos, y así sucesivamente. Cada vez que te sientas distraído ejercita tu disciplina por tan solo unos minutos adicionales, de esta forma, con cada progreso desarrollarás la autodisciplina de manera firme.

Ser disciplinado no es fácil. Con frecuencia requiere emplear la razón para batallar contra nuestros instintos y reacciones naturales frente al estrés. Pero incluso los Navy SEALs, reconocidos como unas de las personas más disciplinadas del planeta, no nacieron con la disciplina y la capacidad de concentración incorporadas.

Los SEALs desarrollan su disciplina de una manera que todos podemos emplear en nuestras vidas. La intensidad de su entrenamiento físico inculca en ellos la regla del 40% de tal manera que siempre son capaces de sobrepasar las limitaciones auto percibidas. Aprenden cómo mantener el foco y la calma en circunstancias estresantes por lo que no son susceptibles de fallas irracionales en su disciplina. Y son capaces de plantearse metas elevadas y ejecutar planes para alcanzar esas metas, evitando la gratificación inmediata y los obstáculos en el camino.

Todos nosotros podemos llevar vidas más disciplinadas, los SEALs solo facilitan un modelo para hacerlo.

Conclusiones: Se pregona que los SEALs son los maestros de la fuerza de voluntad porque para ellos en esto reside la diferencia entre la vida y la muerte. Utilizan unas cuantas tácticas para mantenerse en acción. Una de ellas es la regla del 40%: cuando sientas que has alcanzado tu límite apenas has usado el 40% de tu capacidad. Otras técnicas para desarrollar la disciplina incluyen el box breathing (para el control de la excitación), el plantearse metas ambiciosas (como manera de colocar a la mente sobre la materia) y la regla de los 10 minutos.

Capítulo 4. Diagnóstico de los drenadores de disciplina

La disciplina es una habilidad esencial que debes implementar si deseas alcanzar tus metas más ambiciosas y tus aspiraciones en la vida. La mayoría de las personas entiende esto de manera intuitiva y, aun así, muchos no son lo suficientemente disciplinados para desarrollar todo su potencial. ¿Por qué pasa esto? ¿Estamos todos en negación?

No. De manera instintiva todos sabemos que necesitamos mejorar y crecer como personas. Todos tenemos las mejores intenciones. Solo que no nos percatamos de que somos empujados fuera de curso con facilidad. Este capítulo no tiene la intención de emitir una acusación en contra de los factores externos, sino permitirte ser consciente de las maneras sigilosas y encubiertas en que tu disciplina puede ser saboteada. ¿Qué sucede en tu vida diaria que te impide perseguir tus metas y te lleva a repetir patrones de comportamiento negativos? Muchas cosas.

Quizás hay personas en tu círculo social que son una mala influencia. Puede que tengas patrones mentales negativos o hábitos perniciosos que has desarrollado sin percatarte de las dificultades que te traerán. Puedes haber hecho conjeturas respecto a tu capacidad de ser disciplinado o el conjunto de motivaciones incorrectas que te impulsan. Sea lo que fuere, ciertamente tú puedes cambiarlo. Este capítulo te ayudará a comprender y superar los drenadores de disciplina que te impiden avanzar.

El síndrome de la falsa esperanza

Uno de los obstáculos más comunes para desarrollar la disciplina es la creencia de que cambiar un hábito es fácil -esto se conoce como el síndrome de la falsa esperanza-. Como resultado de esta creencia, solemos tener altas expectativas, poco realistas, de nosotros mismos y eso es una garantía de fracaso. Subestimamos de manera habitual lo difícil que es romper malos hábitos, y nos visualizamos navegando a través de la adversidad como si viviéramos en un mundo ideal sin tentaciones. Cuando nos damos mucha falsa esperanza fracasamos con más frecuencia y usualmente cimentamos aún más el comportamiento que queremos modificar.

El profesor de psicología Peter Herman ha estudiado la disciplina y autosuperación, y ha llegado a una conclusión de por qué el fracaso es tan común, aun cuando se cuente con intenciones sólidas y motivación. Él argumenta que muchas personas tienden a apuntar hacia cambios poco sostenibles, lo cual conduce a un fracaso inevitable. Ser demasiado ambicioso es con frecuencia el resultado de subestimar la dificultad para alcanzar una meta o de realizar algún cambio.

Puedes tener una claridad momentánea sobre tus deseos más profundos y el camino que debes seguir para hacerlos realidad, pero cuando el estrés y las dificultades de la vida diaria entran en juego, esta claridad se enturbia y es reemplazada por las tentaciones y obstáculos usuales. En otras palabras, las metas que persigues pueden quedar fácilmente relegadas a un segundo plano por los impulsos para aliviar incomodidades temporales, esas cosas que precisamente no has tomado en cuenta.

Hacer cambios significativos y alcanzar grandes metas no sucede de una sola vez. Continuar en ese proceso requiere, por lo general, de retroalimentación positiva y un progreso tangible, el cual probablemente no vas a obtener si te plenteas expectativas irreales de ti mismo.

Por ejemplo, fumar cigarrillos, un hábito que es adictivo tanto física como psicológicamente. Es extremadamente difícil dejar el hábito de un día para otro, pero cuando la gente lo intenta y falla tiende a sentirse desalentada y retoma el consumo habitual de tabaco. Se plantea una meta demasiado ambiciosa y cualquier resbalón es sinónimo de fracaso. Se coloca en una situación donde no puede ganar.

¿Qué tal si en lugar de eso las personas que desean dejar de fumar empiezan con la meta de reducir la cantidad de cigarrillos a la mitad durante el primer mes, luego la mitad de esa cantidad al segundo mes y así sucesivamente? Después de unos cuantos meses, el deseo de fumar será menos frecuente y las probabilidades de romper con el hábito serán mucho más grandes, todo como consecuencia de una meta más alcanzable.

Disminuir con éxito el consumo de 50 a 25 cigarrillos semanales, en el transcurso de un mes, es mucho más sostenible que pasar de 50 a 0 inmediatamente. Lo más importante es que dicho progreso provee una retroalimentación positiva consistente, que mantiene la motivación para continuar. Esto también te brinda el tiempo para enfocarte en tus patrones mentales y comportamientos, de tal manera que puedas desarrollar patrones neurales en tu cerebro que te permitan cambiar tus hábitos paulatinamente.

La clave es mantener tu esperanza de cambio afincada en la realidad y en tu consciencia. Entonces, ¿cómo te planteas tus metas de disciplina y todo lo demás?¿Son un reflejo fidedigno de tu capacidad actual o están basadas en una versión ideal en la que no enfrentarás ningún obstáculo? Evitar las falsas esperanzas será crucial para mantener la disciplina en la búsqueda de tus metas.

Pensar de manera realista en la sostenibilidad es tan importante como la autodisciplina, la motivación y la inspiración. Puede que no te haga feliz de momento, y puede que requiera de un severo reajuste de tu ego, pero sin duda alguna te llevará a los resultados que deseas.

Procrastinación versus disciplina

La procrastinación es enemiga de la autodisciplina porque con frecuencia implica que esperamos por las condiciones perfectas y así justificamos nuestra inacción. Por ejemplo, es fácil posponer ir al gimnasio porque nuestras pantorrillas están fatigadas o porque llueve. Solo porque la carretera no está en condiciones óptimas para que vayas al gimnasio no significa que debas posponer el compromiso. Son solo excusas.

Lo que debes hacer para mejorar tu autodisciplina es simple. No esperes más para "estar listo", o "sentirte preparado" para perseguir tus metas o cambiar tus hábitos. La inacción va de la mano con las excusas y realmente sabotea tus probabilidades de tener éxito. Cuando todo se siente cómodo y preparado ya es demasiado tarde, habrás esperado demasiado tiempo.

Puede que en un primer momento te parezca que esto no tiene sentido, pero piensa un poco, porque sí lo tiene. Si das excusas y racionalizas ahora, ¿qué impedirá que lo hagas en el futuro? ¿Cuándo has tenido las circunstancias perfectas en tu vida, en las que fuese imposible encontrar una excusa o justificación para más procrastinación? Si eres honesto, nunca.

Alguien que quiere dejar de fumar puede decidir hacerlo dentro de un par de semanas porque su trabajo será menos estresante entonces. Pero incluso esta procrastinación aparentemente lógica es perjudicial, porque aplica literalmente para cualquier momento y cualquier lugar. Cada vez que esperas a que las circunstancias mejoren te estás diciendo que eres incapaz en el momento presente. Esa actitud no cambiará cuando de hecho las circunstancias cambien, tan solo encontrarás otra excusa para detenerte.

Siempre tendrás dudas cuando intentes algo importante. Asumir un desafío significa que serás atraído por lo emocionante que es, pero también serás desalentado por la incertidumbre. Es natural preguntarte si estás lo suficientemente preparado o calificado para hacer algo difícil o para superar un obstáculo que no has conquistado con anterioridad.

Puedes planificar para el futuro y demorar el inicio todo lo que quieras, pero lo mejor que puedes hacer es empezar. No importa si se trata de ser más saludable, escribir un libro o iniciar un negocio, el mejor momento para empezar es ahora. Casi no existe el momento perfecto. Esperar a tener más dinero, recursos o experiencia rara vez aumenta tus probabilidades de alcanzar tu meta en el futuro. Solo tienes la oportunidad de tener éxito después de haber empezado, puedes averiguar los detalles una vez estés encaminado.

También existe un mito demasiado común en la sociedad de que debemos apuntar a la perfección. De nuevo, esto conduce a la procrastinación porque produce un debilitante miedo al fracaso que impide empezar. Cuando reconoces la procrastinación y el miedo al fracaso por lo que realmente son -obstáculos para ser disciplinados y exitosos- te brindas la oportunidad de actuar.

Una heurística saludable para combatir la procrastinación y el perfeccionismo es el modelo denominado Regla del 75%. Esta regla simplemente establece que debes actuar cuando tienes el 75% de certeza de que estás en lo correcto o de que tendrás éxito. La verdad es que nunca tendrás el 100% de certeza y, normalmente, cuando tienes un 75% estás más que listo para empezar a tener rendimientos decrecientes de procrastinación.

Pensar en la disciplina no te hace más disciplinado, sin importar cuanto desees que esto sea así. La disciplina solo surge mediante acciones consistentes. Entonces, cuando te encuentres cerca del nivel del

75% es tiempo de acometer tus decisiones y acciones.

Por ejemplo, supón que quieres correr un maratón y no estás lo suficientemente preparado. La probabilidad de que puedas correr de manera segura un maratón completo es infinitesimal. Pero la probabilidad de que puedas correr dos millas es sustancialmente mayor, quizás cercana al límite del 75%. Es allí cuando empiezas a entrenar. Puede que no estés listo para las dos millas, pero piensas que probablemente lo puedas hacer, y el primer paso es siempre el más importante.

Con el transcurrir del tiempo puede que tengas un 75% de probabilidades de ser capaz de correr medio maratón. Mantén el esfuerzo y eventualmente tendrás la mismas posibilidades para el maratón completo. Mediante este desglose de la meta más grande en metas más pequeñas consigues que empezar inmediatamente sea más sensato, te permitirá mantener la disciplina en cada paso del camino sin experimentar el desaliento del fracaso.

Si siempre temes al fracaso o permites que tu disciplina dependa de circunstancias externas, no podrás alcanzar el éxito que esperas. Para desarrollar la disciplina es necesario un enfoque realista y la voluntad de actuar sin la entera certeza.

<u>Evita la racionalización</u>

Todos tenemos la tendencia de darnos palmaditas en el hombro por haber sido disciplinados en el pasado. Aunque esto pueda racionalizarse como un manera de refrescar tu fuerza de voluntad, demostrarte que te amas o no ser demasiado inflexible, la realidad es que con frecuencia destruye el progreso por el cual te felicitas.

Nuestra mente está constantemente formulando excusas para abandonar la disciplina. En un estudio se solicitó a los participantes que recordaran un momento en el que hubieran sido caritativos. A continuación se les pidió que hicieran una donación filantrópica. Aquellas personas que consideraban haber sido caritativas en el pasado donaron un 60% menos que las personas que no lo habían hecho. Esto indica que el recuerdo de haber sido caritativos les hacía sentirse menos obligados a ser caritativos en el presente, debido a que ya se habían sentido bien o en cumplimiento de sus obligaciones sociales. En otras palabras, fueron capaces de racionalizar una salida a la donación mediante el recuerdo de acciones pasadas.

Pensar en el gesto de buena voluntad hecho les hacía sentir que ya habían cumplido con su deber, a pesar de no haber realizado donaciones adicionales. Esto es lo que sucederá si piensas en tus triunfos pasados: asociarás esas memorias al presente y sentirás que no te queda nada más por hacer. Racionalizarás el comportamiento indisciplinado, lo cual perjudica tus metas.

El más grande obstáculo es reconocer cuándo sucede y hacerte responsable. Sin importar lo mucho que pienses que mereces un descanso o una recompensa por tus acciones pasadas, aceptar esa tendencia a racionalizar o dar excusas tendrá un efecto negativo sobre tu disciplina. Así de sencillo. Cada momento o decisión se levanta por sí sola y no es posible tomarlas como crédito para el futuro. Si te percatas de que utilizas acciones pasadas para justificar acciones perjudiciales en el presente ("Me porté tan bien ayer que puedo hacer una pausa hoy"), detente inmediatamente y no debilites tu propio progreso. Cada evento debe ser tomado individualmente y no creer que acumulas puntos para comprar malos comportamientos.

Si te encuentras alguna vez haciendo el siguiente enunciado: "hice X, por lo tanto puedo hacer Y", ¡sabrás que tienes una tendencia a racionalizar!

Imagina que eres un alcohólico en recuperación que va a un restaurant para asistir al cumpleaños de un amigo. Racionalizar que puedes tomar un trago será fácil -es un cumpleaños, ¿por qué no celebrar?-. Tras varios meses de sobriedad, un trago no puede hacer daño. Estas son las victorias que utilizas para justificar comportamientos indisciplinados. ¿Ves hacia dónde vamos? Después de una bebida ya no tienes los meses que te separaban del último trago, por lo tanto un segundo trago es más fácil de justificar. Un resbalón es todo lo que hace falta.

Un experimento de la Universidad de Chicago ilustra nuestra tendencia a racionalizar las faltas de disciplina. Los investigadores reclutaron personas a dieta y los felicitaron a todos por el progreso en alcanzar sus metas de peso. Luego se les hizo elegir entre una manzana y una chocolatina a manera de recompensa. El ochenta y cinco por ciento de los individuos a dieta escogió el chocolate. Racionalizaron que, después de todo, lo merecían.

Esos momentos en los que te descubras inventando excusas pueden ser la mejor oportunidad para ejercitar la disciplina. En el estudio anterior, las personas a dieta iban bien mientras resistían a tentaciones y deseos obvios, pero su disciplina quedó corta cuando fue desafiada de manera sigilosa. Si eres consciente de esa tendencia y mantienes tu disciplina frente a ella serás recompensado de dos formas: gracias a tu disciplina, no perderás el progreso hacia la meta y simultáneamente estarás fortaleciendo tu disciplina al perseverar frente a una prueba difícil.

La Ley de Parkinson

Una de las cosas que quienes procrastinan mucho pueden decir para justificarse es que trabajan mejor cuando el tiempo es limitado –"¡Trabajo mejor con un fecha de entrega!"-. Interesante que exista una ley en relación con la disciplina que valida esa justificación, la Ley de Parkinson.

La Ley de Parkinson dice que el trabajo se expande para llenar el tiempo disponible para su realización. Cualquier plazo límite que te plantees, largo o corto, es el tiempo que te tomará completar tu trabajo. Si te das un plazo relajado, evitas ser disciplinado. Si te das un plazo ajustado puedes hacer uso de tu autodisciplina.

La Ley fue desarrollada por el historiador Británico Cyril Parkinson, quien se percató de la tendencia mientras formaba parte del Servicio Civil británico. Observó que mientras la burocracia se expandía su eficiencia disminuía en lugar de incrementarse. Mientras las personas recibían más espacio y tiempo, más tardaban en realizar las tareas. Notó que esto era aplicable a un amplio rango de circunstancias. La forma general de la Ley establece que aumentar el tamaño de algo disminuye su eficiencia.

En lo que respecta a la disciplina, Parkinson encontró que las tareas simples se hacen más complejas para así llenar el tiempo disponible para su realización. Disminuir el tiempo disponible para completar una tarea hace que la labor sea más simple, fácil y realizable de manera puntual.

Muy pocas personas te pedirán o te dirán que trabajes menos. Entonces, si quieres ser más productivo y eficiente, debes evitar ser víctima de la Ley de Parkinson aplicando limitaciones artificiales al tiempo que te das para completar tareas. Cuando te impones límites de tiempo y fechas de entrega para tu trabajo, te obligas a enfocarte en los elementos cruciales de tu actividad. No haces que las cosas sean más complejas o difíciles de lo necesario para llenar el tiempo que asignaste.

Por ejemplo, imagina que tu supervisor te entrega una hoja de cálculo y te pide que hagas unos cuantos cuadros para entregar al final de la semana. La tarea puede tomar una hora, pero luego de ver la hoja te das cuenta de que esta desordenada, es difícil de leer y empiezas a editarla. Esto ocupa toda tu semana, pero hacer los cuadros que te pidieron solo te hubiera tomado una hora. Si te hubiesen dado solo un día para completar la asignación, te habrías concentrado solamente en los cuadros e ignorado todo aquello que no fuese relevante. Cuando nos dan espacio, expandimos la tarea para llenar el tiempo, así lo dicta la Ley de Parkinson.

Plantéate fechas límite agresivas para desafiarte de una manera consistente y evitarás este obstáculo. Un plazo largo también implica un nivel sostenido de estrés de fondo. Oblígate a terminar pronto y libera tu mente.

Diagnosticar tus drenadores de disciplina puede requerir que analices tus acciones con detenimiento. Pregúntate de qué maneras eres tu peor enemigo. Cuando tengas más claro el panorama de todas las formas en las que puedes sabotear tu disciplina te será más difícil olvidar que, por naturaleza, la disciplina es desagradable y difícil. Necesitas expectativas realistas para que no te agotes y te desalientes en el camino.

La disciplina es suficientemente difícil por sí misma. Toma consciencia de las maneras en que añades más dificultades de las necesarias.

Conclusiones: Algunos obstáculos comunes de la disciplina son plantearte metas poco realistas (síndrome de la falsa esperanza), procrastinar como consecuencia de buscar la perfección (puedes enfrentarlo con la Regla del 75%), racionalizar excusas para no actuar, y el efecto de la Ley de Parkinson (que puede ser combatido planteando plazos agresivos).

Capítulo 5. Flexiona tu "músculo de incomodidad"

La autodisciplina es, por naturaleza, incómoda. Nunca te someterías voluntariamente a la batalla que implica ser disciplinado, a menos que tengas un fuerte propósito en mente. Nunca escucharemos que necesitamos disciplina para comer helados o jugar videojuegos.

Ni una cantidad enorme de conocimientos, ni la formación de hábitos o la visualización harán que la disciplina sea cómoda. Es un hecho que la disciplina se sentirá como una obligación. Pero aquello que necesitamos en abundancia no es la autodisciplina por sí misma, sino una gran capacidad para manejar y tolerar la incomodidad. Flexionar el "músculo de incomodidad" se refiere a la capacidad para resistir lo incómodo, es decir, usar la resistencia mental para superar esos instintos que eligen lo más fácil, lo cómodo y la gratificación inmediata.

Este proceso busca transformar un dolor lacerante en una leve molestia que apenas puedas sentir, o esa punzada en el estómago hambriento, que en el fondo anhelas porque demuestra que estás siendo fiel a tu dieta. Ser disciplinado se reduce a escoger esas incomodidades temporales que te ayudan a largo plazo. De la misma manera que levantar pesas produce molestias pasajeras que contribuyen a fortalecer tu musculatura, actuar de manera disciplinada y tomar las decisiones correctas también fortalece tu "músculo de incomodidad". Convertir en un hábito cotidiano el abrazar situaciones incómodas puede tener un efecto positivo en todos los aspectos de tu vida.

Cambiar tu apreciación de la incomodidad y aceptarla te da fortaleza mental para prosperar sin importar las dificultades, tentaciones y fracasos que experimentes. A la disciplina no le importa que estés exhausto, irritado o abatido, esos son los momentos cuando más la necesitas. Ejercitar la disciplina literalmente entrena a tu cerebro para perseverar de manera predeterminada.

Surfear los impulsos

Desarrollar la disciplina es difícil, pero existen metodologías comprobadas que lo hacen más fácil, entendiendo cómo reducir la fuerza de los impulsos y tentaciones. Los impulsos se definen como actos reflejos para mantener comportamientos habituales o adicciones pasadas, y se manifiestan no solo en nuestra mente sino también como sensaciones físicas en nuestro cuerpo.

El psicólogo Alan Marlatt, pionero en el campo del tratamiento de las adicciones, desarrolló un método para enfrentar estos actos reflejos. La técnica de Marlatt es conocida como el surfeo de los impulsos. Compara los impulsos con olas que puedes surfear, pues ascienden en intensidad, llegan a un pico y, eventualmente, rompen.

Surfear impulsos puede verse como un ejercicio para practicar la disciplina y la resistencia mental. Su intención es enseñarte a darle acogida a la incomodidad y resistir a la tentación.

La próxima sección te dará una explicación más detallada del surfeo de los impulsos, pero este es un conjunto de sus instrucciones básicas que te ayudarán a entender de qué se trata antes de continuar. Detente por un momento, deja lo que estás haciendo y piensa acerca de un impulso que hayas sentido recientemente. Presta atención a las emociones y sensaciones físicas que sentiste. Acéptalo. Nota cómo las sensaciones evolucionan con el transcurso del tiempo. Mientras haces esto, enfócate en tu respiración para ayudarte a sobrellevar el deseo, imagina que es una ola y surfeas a través de ella.

Tenemos una tendencia natural a identificarnos con nuestros impulsos, y el surfeo de impulsos nos ayuda a separar nuestra identidad de cualquier hábito pasado o tendencias que queramos corregir. En lugar de pensar "Quiero un cigarrillo", puedes pensar "Tengo ganas de fumar un cigarrillo". Entonces no debes luchar contra una parte de ti mismo, sino contra la sensación que experimentas, observas y dejas pasar o amainar. Luchar contra los impulsos es rara vez efectivo, pero al observarlos con curiosidad, sin identificarte con ellos, tienes más probabilidades de superarlos.

Si lo enfrentas, un impulso típico llegará a su pico en 20 o 30 minutos. Luchar contra los impulsos o tratar de eliminarlos es contraproducente, porque esto, usualmente, los fortalece y los hace más duraderos. Además, luchar contra un deseo lo afianza más y simultáneamente debilita tu confianza en tu capacidad de modificarlo en el futuro. Pero cuando eliges una actitud abierta frente a tus ansias y las observas sin luchar contra ellas desaparecen más rápido y sin esfuerzo.

El poder de los impulsos proviene de nuestra disposición a consentirlos, no de las adicciones o la tentación en sí mismas. Este punto queda demostrado por los pacientes en centros de rehabilitación, los cuales descubren que carecer de acceso a sustancias adictivas conlleva a una disminución significativa del deseo y las ansias, en comparación con los experimentados en el exterior. Estos centros eliminan las luchas internas de sus pacientes, sin las cuales no hay nada que alimente sus deseos. De esta manera, los impulsos pasan de largo.

Puede que no tengas la posibilidad de ingresar en un centro de rehabilitación para eliminar la lucha interior en tu búsqueda de la disciplina, esa es una razón adicional para practicar el surf de los impulsos.

Otra metáfora útil para esta pelea interna es pensar en los impulsos como una cascada, y batallarlos sería equivalente a tratar de bloquear la caída de agua. Por supuesto, es inevitable que la cascada rompa la barrera, quizás incluso con más fuerza, debido a la presión contenida mientras la bloqueabas. El mindfulness es el escape a esta situación imposible, porque en lugar de tratar de bloquear la cascada, o el deseo, das un paso atrás y solo lo observas. Esta estrategia es crucial para la identidad, porque implementarla es una de las maneras más eficientes de mejorar la autoeficacia.

Si puedes cambiar de manera exitosa tu actitud frente a los impulsos y tentaciones, asumiendo una posición curiosa en lugar de una de miedo y resignación, también serás capaz de cambiar tu comportamiento. Estudia tus hábitos de manera científica. Si continúas luchando contra tus impulsos irás por el camino del fracaso. Aprender a aceptarlos y observarlos hace posible que se disipen y desaparezcan rápidamente.

¿Alimentas tus impulsos sin querer?

Cuando te percatas de que luchar contra tus impulsos es una batalla perdida, lógicamente pensarás que debes intervenir en el proceso de manera temprana. Puedes hacerlo con alguna distracción o pensando en cómo salir de ellos.

Al igual que luchar contra los impulsos, las distracciones y racionalizaciones tienen un resultado opuesto al deseado. Estas técnicas terminan por alimentar tus impulsos y los fortalecen, al mismo tiempo que construyen la ilusión en tu mente de que no te abandonarán, a menos que sucumbas ante ellos. Dado que inevitablemente fracasas, tanto si los combates como si intentas distraerte de ellos, es comprensible que te sientas derrotado. Muchas personas llegan a este punto y claudican a la idea de que son incapaces de cambiar sus hábitos.

Distraerte de tus impulsos puede parecer que es algo que no afecta tu disciplina. Muchas personas consideran las distracciones como una especie de centro de rehabilitación hecho por ellas mismas, donde reduces los impulsos al minimizar las oportunidades de consentirlos. Desafortunadamente eso no funciona en la vida real. De hecho, numerosas investigaciones durante las últimas décadas demuestran que suprimir pensamientos, sentimientos y sensaciones termina por fortalecerlas (Clark Ball & Pape, 1991; Gold & Wegner, 1995; Wegner, Schneider, Carter & White, 1987; Wegner, Schneider, Knutson & McMahon, 1991; Cioffi & Holloway, 1993).

Este fenómeno puede ilustrarse con un juego psicológico que probablemente conozcas. El juego consiste en tratar de no pensar en algo particular que alguien menciona. Alguien puede decir, por ejemplo, "hagas lo que hagas, no pienses en un hipopótamo". Por supuesto, cualquier mención subsiguiente de la palabra hipopótamo hará cada vez menos posible dejar de pensar en ella. En realidad, mientras más te esfuerzas por evitar pensar en ella más lo harás. Lo mismo sucede cuando tratamos de evitar los deseos.

Esto no quiere decir que distraerse y batallar contra los impulsos nunca funcione. A veces sí. Pero incluso en esos casos, la batalla te deja irritable y molesto en lugar de relajado y calmado. Por mucho que lo intentes, no podrás engañar a tu mente y hacerla sentirse positiva respecto al proceso.

Solo nos interesan las soluciones efectivas y sostenibles. En lo que respecta a superar los impulsos, la solución es surfearlos. Mientras aprendes a ser disciplinado, empiezas a sentirte cómodo con la molestia de ver tus impulsos y no ceder ante ellos. Es mucho más fácil juzgar nuestras inclinaciones y verlas como el enemigo, pero esta mentalidad siempre reconocerá los deseos que queremos eliminar.

La próxima vez que sientas un impulso y estés listo para utilizar la técnica del surfeo, sigue los siguientes pasos:

1. Toma unos instantes para ver en qué parte de tu cuerpo sientes los impulsos. De la misma manera que escuchar música te provocará el deseo de marcar el ritmo con los pies, o mover la cabeza, la mayoría de los impulsos pueden sentirse en el cuerpo si estamos conscientes.

2. Una vez conectas esos impulsos con el lugar de tu cuerpo donde los sientes con más fuerza, enfoca tu atención en esa área. Observa las sensaciones que tienes allí.

3. Dedica uno o dos minutos de atención a tu respiración.

4. Imagina que las sensaciones que resultan de tu ansia son como una ola. Observa cómo la ola crece, llega a un pico, rompe y desaparece.

5. En la medida en que el impulso pasa, toma nota de su naturaleza transitoria. La próxima vez que surja un impulso tendrás mucha más confianza en tu habilidad para conducirlo hasta su conclusión.

La lección importante de esta experiencia es que todo lo que piensas y sientes es transitorio, incluyendo los deseos. Cuando lo olvidas, los impulsos y ansias te apabullan. Pero si eres paciente y confías en tu habilidad de conducir un impulso transitorio hasta que pase, encontrarás que es más efectivo que distraerse o batallar de frente contra él.

Cuando sientes las primeras punzadas de hambre en tu estómago, puede que pienses que no se irán hasta que comas. El hambre es uno de los impulsos que produce más irritabilidad. Ser productivo cuando estás famélico es sumamente difícil. Pero cualquier persona con experiencia en el ayuno sabe que el hambre es tan transitoria como cualquier otro impulso.

Te habrás dado cuenta de que sientes hambre cuando estás aburrido, después de estar sentado por un tiempo mientras trabajas. Puede que sientas punzadas de hambre en tu estómago, pero si observas con detenimiento, te percatarás de que no sientes el estómago vacío o tienes una necesidad perentoria de calorías para reponer energías. Unos cuantos minutos aceptando el hambre, sin asumirla como una señal estricta de que necesitas comer, pueden hacer que se disipe rápidamente. Las punzadas de hambre pasan y no implican que morirás de inanición o te desmayarás.

Empieza a mostrar interés por tus impulsos, estúdialos y experimenta con ellos. Aprenderás que tú no eres los impilsos que sientes hasta que luchas y sucumbes frente a ellos. Mientras simplemente observes su ir y venir, perderán gran parte de su poder negativo para influir sobre tu comportamiento.

Practica la incomodidad

Recordarás que en el primer capítulo dijimos que la fuerza de voluntad es como un músculo que se fatiga cuando lo utilizas con frecuencia. Estas son buenas noticias, pues el hecho de que la fuerza de voluntad se fatigue como un músculo, quiere decir que también se fortalece como uno.

El "ejercicio" que incrementa de manera más efectiva tus niveles de fuerza de voluntad es el salir de tu zona de confort. Esto implica forzarte con regularidad a hacer cosas con las cuales no te sientas muy cómodo, para familiarizarte con la sensación de molestia en sí misma. Salir de tu zona de confort es importante, porque te enseña que las cosas que temes no son tan malas como parecen. Cada vez que asimilas esa lección en alguna pequeña medida, incrementas tanto tu tolerancia a la incomodidad como tu fuerza de voluntad.

No tienes que estar incómodo en tu vida diaria, pero familiarizarte con esta sensación seguro te ayudará cuando enfrentes cualquier adversidad. Incluso tú mismo puedes crear ansiedad e inseguridad -de manera que sean controlables y manejables- para demostrarte que eres capaz de sobrellevarlas.

Jia Jiang dio una charla TED acerca de su recorrido personal fuera de la zona de confort, en el cual enfrentó su miedo al rechazo y la ansiedad social que le acompañaba. Jiang quería tener más confianza en sí mismo, por lo que se propuso desensibilizarse frente al rechazo buscando ser rechazado de alguna forma durante 100 días seguidos. Algunas de las situaciones en que Jiang participó en busca del rechazo incluyeron pedirle $100 a un desconocido, pedir un "refill" de hamburguesa o pedir permiso para jugar fútbol en el patio trasero de una casa. Cuando los 100 días pasaron, Jiang era un hombre nuevo, con más confianza en sí mismo y una mejor apreciación de lo bondadosas que pueden ser las personas.

La historia de superación del miedo al rechazo de Jiang es aplicable a cualquiera. Tus temores personales e incomodidades son también una oportunidad para desafiarte. Si te gusta tener el control, pasa un día cediéndolo a otras personas. Si te sientes cómodo siendo pasivo, pasa un día asumiendo iniciativas y tomando más decisiones. Haz lo opuesto de cualquier cosa con la que te sientas cómodo.

Incorporar molestias manejables e incertidumbre en tu vida no es difícil de hacer. Puedes pedir un plato en un restaurant con ingredientes desconocidos para ti. O en lugar de tomar una relajante ducha caliente, abrir el agua fría y esforzarte por mantenerte en pie hasta que controles tu respiración y calmes tu mente. Pide a los vendedores descuentos que no creas poder obtener. Siéntate en la mesa de un restaurant y marcha cuando recibas el menú -esa caminata hasta la puerta se sentirá larguísima-.

Incluso, hacer algo espontáneamente o fuera de tu manera usual de comportarte puede sacarte lo suficiente de tu zona de confort como para darte cuenta de que tu zona de incomodidad no es tan mala. Si eres torpe, no tienes ritmo y no te gusta bailar, ve a una clase de baile. Lo peor que te puede pasar es que unas cuantas personas en tu clase para principiantes sepan que eres un mal bailarín, y te aseguro que no les importa. Tu voluntad de hacer el intento podrá resultarles encantadora, lo opuesto de la vergüenza y el aislamiento que tanto temes.

La disciplina es esencialmente incómoda, por lo que mejorar tu relación con la incomodidad es una de las mejores formas de fortalecer tu autodisciplina. Todos tenemos diferentes miedos, inseguridades y molestias. Muchas personas van por la vida evitándolas, limitando así su potencial. Si quieres sacar el mayor provecho de los aspectos positivos de tu vida, puedes empezar enfrentando tus miedos y eligiendo la incomodidad.

En la medida en que estas prácticas construyen tu fuerza de voluntad puedes empezar a cambiar algunos de tus hábitos y adicciones menos beneficiosas. Cuando te sientes empujado a batallar contra tus impulsos, tendrás la fortaleza mental para resistir la tentación y en lugar de luchar, surfearlos como si fueran una ola. Si el miedo te induce a evitar tus apetitos y buscar distracciones, utilízalo como una oportunidad para generar cambios positivos.

La incomodidad y la lucha son elementos que conforman quien eres. Lees este libro porque quieres ser más disciplinado. Entonces, si quieres cumplir tu propósito, es tiempo de que asumas la incomodidad.

Conclusiones: La autodisciplina es un acto incómodo en sí mismo, por lo que tiene sentido ejercitar la incomodidad como si fuese un músculo. Una de las maneras más efectivas para practicar la incomodidad es "surfear los impulsos", lo cual demuestra ser mejor que resistirlos. Adicionalmente, puedes practicar la terapia del rechazo, o simplemente colocarte en situaciones incómodas, en su mayoría sociales, que te impulsarán a actuar.

Capítulo 6. Creación de un ambiente disciplinado

En lo referente a la disciplina hay otros elementos adicionales, aparte de los factores obvios que mencionamos: fortaleza mental y fuerza de voluntad. Uno de los que más influye sobre la autodisciplina es el ambiente en que la implementamos. Los factores ambientales pueden facilitar la disciplina o, por el contrario, debilitarla. Pero es indudable que siempre jugarán un papel importante.

Sabiendo que el ambiente afecta tu probabilidad de éxito, ¿por qué jugar con fuego? Diseñar y mantener un ambiente que facilite la autodisciplina es una de las maneras más simples de mejorar tu vida drásticamente. Así como es importante ejercitar y desarrollar tu fuerza de voluntad, también lo es procurarse un ambiente ideal para no depender de ella en absoluto. De esta manera, la acción o el resultado deseado ocurren simplemente porque son la única elección posible.

La conservación de tu fuerza de voluntad depende de la remoción de las distracciones y tentaciones que te hacen perder el curso. Todos lo entendemos cuando es obvio -por ejemplo, no entrarás en un restaurant italiano, famoso por su pasta hecha en casa, si quieres evitar los carbohidratos-. Tendrás más éxito en tu desafío de perder peso si vives en un gimnasio en lugar de en una fábrica de helados. Pero hay maneras menos obvias para mejorar la forma en que los factores ambientales influyen sobre tu autodisciplina. De eso trata este capítulo.

Debes evitar poner a prueba y disminuir tu fuerza de voluntad cuando no es necesario.

Diseñar el ambiente perfecto es ganar más de la mitad de la batalla.

Minimizar las distracciones

Frecuentemente pensamos que las distracciones son nuestras aliadas en lo referente a la autodisciplina. Si la fuerza de voluntad es finita, razonamos que es mejor tomarse un descanso, refrescarnos y distraernos de los apetitos y tentaciones.

Baba Shiv, profesor de marketing de la escuela de postgrado en Negocios de Standford, llevó a cabo un estudio para demostrar la manera en que las distracciones nos afectan. Shiv distrajo a un grupo de participantes pidiéndoles que recordaran un número telefónico. Luego, pidió a todos los participantes de la investigación que eligieran entre chocolate, pastel o fruta. Quienes tenían la tarea de recordar el número telefónico escogieron pastel con una frecuencia 50% superior a la del resto de los participantes. Llegó a la conclusión de que la concentración es una parte esencial de la disciplina.

Si estás sometido a distracciones constantemente cedes a la tentación sin oportunidad de ejercitar tu fuerza de voluntad. Nunca la verás en acción y siempre seguirás el camino que ofrezca menor resistencia, a pesar de tus mejores intenciones. Las distracciones socavan sigilosamente nuestra autodisciplina. Este proceso puede transcurrir oculto en segundo plano, sin que nos percatemos de que nuestra disciplina decae hasta que es demasiado tarde y todos nuestros esfuerzos pasados se desperdician.

El diseño de las filas de pago en los supermercados es un ejemplo perfecto de cómo capitalizar a cuenta de las mentes distraídas y la fuerza de voluntad reducida. Puedes tomar decisiones saludables en cada paso del camino a través de un supermercado, pero no puedes escapar a la distracción final de caramelos, chocolates y golosinas en la caja registradora. Este es con frecuencia el momento más difícil para ser disciplinado, porque estás a punto de salir, con la mente puesta en tus próximas actividades, las golosinas son baratas y están disponibles para la compra inmediata.

¿Qué puedes hacer con ese conocimiento? Si trabajas en un ambiente desordenado, limpia y ordena. Un escritorio ordenado contribuye a una mente diáfana, y una mente despejada es más receptiva a la disciplina. Un estudio de la Universidad de Cornell ofrece evidencias convincentes que apoyan el concepto de "fuera de la vista, fuera de la mente" como una forma de mejorar la disciplina, y es aplicable a muchas más cosas además de tu escritorio.

En este experimento de la Universidad de Cornell cada uno de los participantes recibió una jarra, transparente u opaca, llena de bombones de chocolate, y ubicada sobre su escritorio o a seis pies de distancia. En promedio, los participantes comieron 7,7 bombones al día de las jarras transparentes ubicadas sobre sus escritorios, frente a 4,6 diarios de las jarras opacas en la misma ubicación. Cuando las jarras se encontraban a seis pies de distancia, los participantes comieron un promedio de 5,6 bombones diarios de las jarras transparentes y 3,1 de las jarras opacas.

Sorprendentemente, los participantes reportaron sentir que habían comido más bombones cuando las jarras estaban ubicadas a seis pies de distancia, a pesar de que había sucedido lo contrario. Esta discrepancia es información crucial puesto que ofrece una pauta para mejorar la disciplina. Es decir, puedes utilizar la pereza a tu favor, librando tu lugar de trabajo de distracciones. Puede que no olvides por completo esas distracciones, pero mientras sea necesario un mayor esfuerzo para ceder a tus tentaciones es menos probable que lo hagas. Además, eliminas las fallas más contraproducentes en tu disciplina -las más irracionales, las que hacemos sin darnos cuenta-.

Es más fácil meter tu mano sin pensar en el tarro de galletas si está visible y a tu alcance. Ese es el tipo de escenario que debes evitar cuando diseñes el ambiente que favorezca a la disciplina. Si colocas el tarro de galletas en un gabinete distante, no eliminas la tentación por completo, pero haces que ceder a ella requiera un mayor esfuerzo. Eso hace una gran diferencia.

En última instancia, debes crear un ambiente libre de distracciones y tentaciones obvias. Puedes facilitar drásticamente el ejercicio de la disciplina eliminando las fallas irracionales que se cometen sin dificultad, mediante un ambiente optimizado. Esto funciona para tu escritorio, tu lugar de trabajo, tu oficina, lo que puedes ver sobre tu escritorio e incluso en la pantalla de tu ordenador. En lo posible, mantenlos libres de distracciones y te olvidarás de ellas. Así, cuando tu disciplina flaquea o te aburres no tendrás otra opción sino trabajar.

Regula la dopamina

Cada vez que sentimos placer se libera en nuestro cerebro una hormona llamada dopamina. Como probablemente sepas, la dopamina se asocia usualmente al sexo, drogas y rock´n roll -todas ellas cosas que nosotros, los humanos, disfrutamos-. La dopamina nos hace sentirnos felices y el cerebro aprende a disfrutar esas actividades que producen la secreción de dopamina. Naturalmente nos gusta sentirnos bien, por lo que con frecuencia dejamos de lado otras prioridades para sutilmente buscar más dopamina.

Eso pude estar bien para hábitos saludables que inducen la liberación de dopamina, tales como el ejercicio físico, la meditación o la reducción en el consumo de azúcar. Pero también puede ser terriblemente dañino, especialmente con las modernas tecnologías del mundo actual y las redes sociales. De hecho, prácticamente chapoteamos en un universo lleno de dopamina, donde todo, desde los alimentos procesados hasta la pornografía en internet, es lucrativo mientras sea capaz de conectarse al sistema de recompensa de la dopamina para hacerse adictivo.

Si no eres consciente del daño producido por las dosis constantes de dopamina y no haces algo para reducirlas, te dominará el apetito de obtener más. Algo tan sencillo como ver quién le dio me gusta a tu última publicación en las redes sociales puede crecer rápidamente hasta convertirse en el deseo irresistible de refrescar constantemente tus publicaciones. La mayor parte de nuestra vida diaria transcurrirá en una búsqueda irreflexiva de pequeños placeres, mientras ignoramos las cosas que deberíamos hacer. Una adicción encubierta a la dopamina puede precipitar la caída de tu disciplina y tu productividad.

Una serie de reconocidas investigaciones en el campo de la psicología del comportamiento, dirigidas inicialmente por el psicólogo B.F. Skinner, demostraron que la dopamina es fundamental para la formación de hábitos. Buenos y malos. Skinner y los psicólogos que desarrollaron su trabajo observaron una variedad de interesantes fenómenos del comportamiento en las ratas. Demostraron que las ratas sin receptores de dopamina tenían dificultad para formar hábitos. En el otro extremo, un grupo de ratas disponía de una palanca para estimular directamente los receptores de dopamina en su cerebro. Estas ratas pulsaban la palanca miles de veces en una hora y elegían la dopamina en lugar de alimento, agua, sexo y el cuidado de sus crías. De hecho, estas ratas hubiesen continuado activando la palanca hasta la muerte si los científicos lo hubiesen permitido.

En los humanos, la dopamina se libera no solo por el placer, sino cuando nos anticipamos a la experiencia del placer. Fácilmente nos aburrimos de lo predecible, pero las recompensas novedosas nos mantienen alerta y provocan una respuesta más fuerte de los mecanismos de la dopamina. Esto sustenta, en buena medida, la razón por la cual el comportamiento es fuertemente reforzado, porque el tamaño de la respuesta del mecanismo de la dopamina está correlacionado al deseo de repetir la conducta que la produjo. Drogas peligrosas como la heroína son un ejemplo obvio de esto, ya que algunas personas pueden volverse adictas a ella tras apenas un primer uso, debido al fuerte impacto que tiene sobre la dopamina.

¿Cómo se manifiesta esto en nuestra vida contemporánea? La interacción en las redes sociales, el deseo de conseguir "Me gusta", comentarios, mensajes y el hecho de revisar las actualizaciones, todo nos provee dosis de dopamina. Muchas plataformas de redes sociales se lucran del "tiempo en el portal", es decir, la cantidad de tiempo que los usuarios permanecen en la plataforma. En consecuencia, esas plataformas han sido optimizadas para conectarse a los mecanismos de respuesta de la dopamina tanto como les es posible, porque los usuarios adictos son usuarios lucrativos.

Es importante estar informados de las batallas que se libran para conectarse con nuestros sistemas de dopamina y limitar su efectividad sobre nosotros. Construir un ambiente libre de estas dosis de dopamina es crucial.

Pero también puedes utilizar el centro de recompensas de tu cerebro a tu favor. Crea recompensas para tu comportamiento positivo que refuercen el hábito que deseas, en lugar de hacerte adicto a pequeñas dosis de dopamina que roban tiempo de tu día a día. Evidentemente, esto impondrá límites a tu tiempo en las redes sociales.

Los centros de rehabilitación usan un juego de lotería llamado La Pecera para sacar provecho de las recompensas novedosas y fortalecer comportamientos (Petry, 2003). Los pacientes que acogen el régimen y evitan las recaídas tienen la oportunidad de sacar una papeleta de la pecera. Estas papeletas pueden tener grandes premios, como $100, y muchos otros premios pequeños de $10 y hasta $1. Algunas no tienen una recompensa en metálico, pero pueden contener frases como "Lo estás haciendo bien" o "Continúa con el buen trabajo". Este sistema ha demostrado funcionar muy bien. Una investigación reveló que el 83% de los pacientes que participaban en el juego de La Pecera terminaban el curso de rehabilitación, mientras que solo el 20% de quienes no participaban en el juego lo hacían.

Puedes crear tu propia pecera para reforzar tus buenos hábitos y buenas decisiones. Esto pude significar vincular una actividad que necesitas hacer, pero no disfrutas, con algún tipo de recompensa. Puede ser incluso algo tan pequeño como sacar una papeleta al azar de un sombrero. Si luchas por encontrar la motivación para ejercitarte, puede hacer una gran diferencia el agendar tus entrenamientos con un amigo. Asocias el ejercicio con la oportunidad de socializar con alguien que te cae bien y, como resultado, esperas con ansias ir al gimnasio.

Observa las veces que en tu vida diaria sientes atracción por entrar a la madriguera del conejo en la búsqueda de dopaminas y usa esas cosas a tu favor de cualquier manera posible. Si vas a comer alguna golosina en el trabajo, intenta hacerlo solo cuando cumplas con una meta o completes una tarea significativa. Usa recompensas pequeñas de manera progresiva para reforzar tus buenos hábitos y como resultado verás mejoras en tu comportamiento y autodisciplina.

Acciones y comportamientos positivos predeterminados

Optimizar tu ambiente para la autodisciplina se reduce a entender cuán automática es nuestra toma de decisiones.

Para ilustrar ese punto considera los hallazgos de una investigación sobre donantes de órganos llevada a cabo en 11 países europeos. La data mostró que los países donde los ciudadanos estaban automáticamente incluidos en la opción de donar órganos y necesitaban actuar para ser excluidos como donantes, contaban con una participación del 95% en el programa. Cuando la opción predeterminada era no donar, la participación más alta fue de apenas 27%. A fin de cuentas, las personas solo eligieron la opción que requería menos esfuerzo. Esto no dice nada de su verdadera intención o deseo de ser donantes de órganos.

Este mismo concepto de predeterminar la opción más deseable puede ser aplicado a tu autodisciplina. Somos perezosos y elegimos cualquier cosa que tengamos a la mano. Puedes facilitarte la elección de la opción que sea más beneficiosa para ti, mientras haces más difícil tomar decisiones dañinas.

Una opción predeterminada es aquella que el tomador de decisiones elige sin necesidad de hacer nada, es decir, con el mínimo esfuerzo posible. En otros contextos, las opciones predeterminadas también incluyen aquellas elecciones normativas o sugeridas. Muchos experimentos y estudios de observación han demostrado que las opciones predeterminadas tienen una alta probabilidad de ser elegidas, y eso se conoce como el efecto predeterminado. Tomar decisiones requiere de energía, por lo que con frecuencia escogemos la opción predeterminada para conservar energía y evitar la toma de decisiones, especialmente cuando no estamos familiarizados con el objeto de la elección.

La mayor parte de tus esfuerzos por lograr un ambiente que propicie la disciplina deben enfocarse en optimizar estas opciones predeterminadas. Puedes creer que controlas la mayoría de tus elecciones, pero en realidad ese no es el caso. Por el contrario, una parte significativa de tus acciones son tan solo respuestas a tu ambiente.

Si las redes sociales te distraen, puedes, por ejemplo, mover los iconos de las apps a la última página de tu teléfono, para no verlos cada vez que lo abres para hacer cualquier otra cosa. Mejor aún, cierra la sesión después de cada uso, o incluso elimínala del teléfono, para que solo la utilices cuando realmente la necesites en lugar de permitirle ser una distracción.

Y si tienes el hábito de tomar el teléfono sin pensar, ponlo boca abajo cuando estás en el trabajo y a una distancia que te obligue a levantarte para cogerlo. Si quieres practicar más el violín, ponlo sobre tu mesa con las partituras abiertas. Si quieres usar más el hilo dental, lleva uno en tu mochila, ten otro en el baño, otro en tu mesa de noche y otro cerca de tu sofá.

Hay un número interminable de ejemplos de cómo utilizar el efecto predeterminado para ser más disciplinado con cada pequeño uso de la fuerza de voluntad. Otro ejemplo es el de las patatas fritas y galletas a la vista sobre una repisa de la cocina, esa será tu opción predeterminada cada vez que entres allí y te sientas mínimamente hambriento. Esconderlas (o no comprarlas) y sustituyendo esos bocados poco saludables por frutas aumentarán las probabilidades de que comas estas últimas y evites comidas poco saludables. ¿Quieres ejercitarte más? Coloca una barra en la puerta de tu baño.

Si tienes refrescos azucarados y jugos, los conviertes en tu elección predeterminada cada vez que tienes sed y abres el refrigerador. Pero si no tienes esas opciones aumentas las probabilidades de tomar agua o hacer té. ¿Quieres tomar más vitaminas? Colócalas al lado de tu cepillo de dientes para facilitar el acceso.

Si estás sentado todo el día en la oficina y tienes problemas de espalda, podrías beneficiarte levantándote y caminando con frecuencia. Puedes hacer que esta sea tu opción predeterminada tomando agua constantemente para verte obligado a ir al baño a menudo. O quizás, puedes programar alarmas en tu teléfono y colocarlo fuera de tu alcance, para que así tengas que levantarte a apagar la alarma cada vez que suene.

El punto central es que puedes ahorrar fuerza de voluntad y energía haciendo cambios positivos en tu ambiente. Las dos grandes facetas del cambio en tu ambiente son la reducción del desorden y las distracciones, además de optimizar tus elecciones basándote en el efecto predeterminado.

Si reduces las distracciones en tu ambiente, despejarás tu mente, lo que resulta en un aumento de tu capacidad de foco, eficiencia y productividad. Adicionalmente, puedes utilizar a tu favor el sistema de recompensa de la dopamina, reforzando tus buenos hábitos y disminuyendo las búsquedas irreflexivas de pequeños placeres. Finalmente, puedes crear una ruta donde el menor esfuerzo conduzca a las elecciones que deseas y te benefician.

Todo esto facilita dejar a un lado la disciplina y ahorrarla para cuando enfrentes desafíos más grandes en tu vida diaria. Después de todo, ¿por qué ejercitar tu fuerza de voluntad si puedes planear cómo esquivarla?

Conclusiones: Los ambientes que creas para ti tienen un alto impacto sobre tu autodisciplina, porque pueden drenarla constantemente o pueden ayudarte a preservarla y ejercitarla. Debes limitar estratégicamente tus distracciones empleando el "fuera de la vista, fuera de la mente", minimizar los picos de dopamina que sabotean tu capacidad de concentración y crear la ruta de menos resistencia a las acciones que más deseas.

Capítulo 7. Las relaciones que informan nuestra fuerza de voluntad

Verás que es un tema similar al del capítulo precedente -puede que no controlemos nuestras decisiones o la disciplina tanto como nos gusta creer-. La mayoría de nosotros vamos por la vida pensando que somos completamente capaces de tomar decisiones por nuestra propia cuenta. Creemos que muchas de nuestras decisiones están basadas en el sentido común, mientras que otras derivan de nuestras experiencias y perspectivas únicas.

No obstante, un gran cuerpo de evidencias indica que, de hecho, con frecuencia no tomamos decisiones por nosotros mismos. Por el contrario, nuestras decisiones están significativamente influenciadas por la gente que nos rodea. Puedes llamarlo presión de grupo, expectativas sociales o simplemente el deseo de encajar. Sea lo que sea, nuestras relaciones son un fundamento muy real de nuestra autodisciplina, para bien o para mal.

Un estudio conocido como el Experimento de la Conformidad de Asch brinda resultados convincentes de cómo nos influyen quienes nos rodean. En un entorno grupal, varios sujetos recibieron un examen de visión con una respuesta correcta obvia. Algunos participantes habían acordado previamente con el investigador dar una misma respuesta incorrecta. Aun así, cuando se analizó el resultado de los diferentes grupos, más de un tercio de los participantes "reales" terminaron dando la misma respuesta incorrecta. Abandonaron su propio sentido común y perspectiva para encajar con los otros.

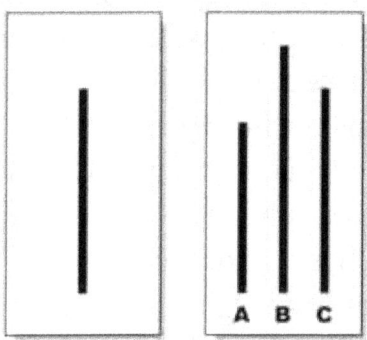

Cortesía de Simplypsychology.com

Como te darás cuenta, no hay otra razón que la presión por encajar para que la gente cambie de opinión. Algo que parecía obvio fue puesto en duda cuando otros estaban en desacuerdo. Esto hacía a la gente pensar, ¿qué es lo que no estoy viendo? La gente no quería sentirse estúpida o relegada, entonces cedían, a pesar de tener la respuesta correcta frente a sus narices.

Evidencias de largo plazo provienen del Estudio Framingham del Corazón, el cual dio seguimiento a varios sujetos por un periodo de 54 años. Los resultados fueron dramáticos. Las probabilidades de que los sujetos terminaran obesos se incrementaban en un 171% si tenían un amigo obeso. Una mujer con una hermana obesa tenía un riesgo 67% mayor de obesidad. Asimismo, un sujeto con un hermano obeso tenía un riesgo 45% mayor de obesidad. Si pasamos por alto el hecho de que debe haber ciertos factores genéticos, encontramos que la gente siempre cae en los mismo hábitos de vida y patrones de quienes les rodean. Forman un ecosistema donde ciertas acciones encajan y son compatibles, y otras no. Ojalá que el tuyo sea un ecosistema lleno de autodisciplina y patrones de comportamiento saludables.

Las personas que nos rodean, de manera intencional o no (pues nadie escoge su propia familia), influyen de manera significativa sobre nuestra autodisciplina y la toma de decisiones. Puede sorprenderte lo mucho que crees que tus acciones son fruto de tu libre voluntad cuando en realidad solo imitas lo que ves a tu alrededor.

Invierte en tus redes

No podemos escoger a nuestras familias pero sí podemos escoger con quién pasar nuestro tiempo libre. Debemos ser selectivos con las personas que nos asociamos. No podemos cambiar a nuestras familias pero podemos ajustar el tiempo que pasamos con ella, particularmente cuando somos capaces de reconocer que ejercen una influencia malsana. Aparte de la familia está claro que debemos escoger a nuestros amigos sabiamente. Esto nos permite apalancar la misma dinámica -la influencia que las personas cercanas tienen sobre nuestras decisiones- en un sentido positivo.

Estudios de imagen cerebral muestran que se activa la misma parte del cerebro cuando pensamos en nuestras madres y cuando pensamos en nosotros mismos. Al parecer, nuestros cerebros ven a los demás de la misma manera que nos vemos a nosotros mismos -por lo menos en el caso de familiares cercanos y amigos-. Esto brinda una explicación clara de por qué el comportamiento puede ser contagioso. Cuando otras personas hacen algo, literalmente nos sentimos involucrados y manifestamos el deseo de hacerlo también. Piensa en las implicaciones: ¡otras personas influyen en lo que hacemos, cómo pensamos y quiénes somos! De nuevo, esas son buenas noticias si es una acción positiva, pero son malas noticias si es negativa.

En muchos casos, la presión grupal dirige el comportamiento. Sabemos de las tonterías que hacen los adolescentes como resultado de la presión grupal. Pero también puede ser una influencia positiva. Se utiliza con frecuencia en equipos deportivos y en las Fuerzas Armadas. Un sentido de lealtad hacia los compañeros obliga al máximo esfuerzo para no frenarlos. Un sentido profundo de lealtad, tanto a otras personas, como al país o los principios puede ser una poderosa fuente de autodisciplina.

Quizás no hayas escuchado que tú eres el promedio de las 5 personas con las que pasas más tiempo. Sabemos que para nuestro cerebro somos iguales a las personas más cercanas a nosotros. Es casi una conclusión lógica que tu perspectiva sea solo un sexto de lo que determina tus acciones, comportamientos y hábitos. El resto depende de otros. Armados con esta idea, ¿qué podemos hacer para mejorar nuestro comportamiento diario?

Llena tus redes de personas que admiras y que son una referencia para ti, no de aquellos a quienes menosprecias y tienes que enmendar. Esto no solamente beneficia tu autodisciplina. Si estás en una habitación y eres la persona más exitosa, o cualquier otro superlativo relevante, es tiempo de que busques otra habitación. Sean cuales sean las debilidades que sientes, seguramente puedes encontrar personas con esas fortalezas. Asegúrate de entablar amistad con personas que sean generalmente positivas y solidarias con tus emprendimientos, de esta manera, sin importar lo que suceda, serán una fuerza positiva en tu vida.

Socios en la responsabilidad

Aparte de establecer mejores relaciones, puedes enfocarte en una persona a la que rendir cuentas. Ella te hará responsable y tratará de garantizar que cumplas tus compromisos y te mantengas en la ruta para alcanzar tus metas.

La Universidad de Pittsburgh llevó a cabo una intervención para la pérdida de peso, que exigía a los voluntarios venir acompañados de un familiar que también necesitara adelgazar. Un grupo de participantes recibió "tareas de soporte" para hacer en casa, que consistían en alabar y alentar a los compañeros. Los momentos exitosos de la autodisciplina vinculados a la comida y el ejercicio debían celebrarse. Esto se conoce como tener un "socio en la responsabilidad". Al otro grupo del estudio no le fue asignada la tarea. Diez meses después de la finalización del programa, el 66% de los participantes del grupo donde los compañeros se brindaba apoyo y aliento mantuvo la pérdida de peso. Por el contrario, solo el 24% de los participantes del otro grupo fueron capaces de hacerlo.

Se concluyó que no era necesario enfatizar las victorias que cimentaron el adelgazamiento. Lo que favoreció la resistencia mental y emocional fue contar con alguien presente que brindara apoyo.

Contar con un socio en la responsabilidad puede ser una forma poderosa para que ambos logren sus metas. Combina elementos que influyen sobre el comportamiento, incluyendo la presión social de no querer defraudar a tu compañero, y la forma en que tu cerebro quiere emular a las personas que te rodean. La clave reside en ofrecer y recibir un flujo constante de apoyo positivo: aliento, celebración, elogios. No obstante, para merecer los elogios, debes mantener el esfuerzo. Te comprometes más e incrementas el esfuerzo cuando sabes que existe la posibilidad de defraudar a otras personas.

Correr un maratón es uno de los desafíos al rendimiento físico más difíciles de superar. Uno de los entrenamientos más simples consiste en, sencillamente, salir a acumular millas. Qué fácil resulta escuchar temprano la alarma del reloj una fría mañana, apagarla y arroparse diciendo que está bien dejarlo para otro día y compensar las millas entonces. Ahora imagina que tu compañera de entrenamiento te espera en el punto de salida. ¿La dejarías embarcada?

Ten presente que la expectativa de que estés allí es la motivación que sacó a tu compañera de la cama. Juntos lograrán grandes cosas. Incluso si tu compañera de entrenamiento no está allí todos los días, ¿qué tal si una persona te contacta todas las mañanas para verificar que entrenaste? Esa es otra medida de seguridad para mantenerte en línea. Para ser específicos, un socio en la responsabilidad solo funciona cuando comunicas constantemente el esfuerzo realizado y cuando capitalizas las sensaciones de camaradería y el deseo de no defraudar.

Comentarle a otra persona sobre tus metas, ¿puede ser una variación útil de un socio en la responsabilidad? Puedes pensar que esto ofrece suficiente presión social para continuar con tu plan, sería como anunciar públicamente tus resoluciones de Año Nuevo. Sin embargo, ¡decirle a la gente cuáles son tus metas hace menos probable que las alcances!

Cuando le dices a otras personas tus metas -perder 25 libras, correr un maratón- normalmente recibirás elogios y felicitaciones. ¡Muy bien! Pero esto es un engaño que te lleva a pensar que ya has logrado la meta, como si el hecho de haberlo comunicado cumplió con tus deberes. Esto tiene el efecto adverso de reducir tu voluntad y autodisciplina. Las personas que comentan sus metas con otras pierden la motivación y es menos probable que tengan éxito. Parece que cuando tus metas son reconocidas por otros se convierten en parte de tu identidad y producen una ráfaga de hormonas del bienestar.

El profesor de la Universidad de Nueva York, Peter Gollwitzer, es especialista en el estudio de cómo las metas afectan el comportamiento. Él realizó una investigación con 63 sujetos y encontró que aquellos que mantuvieron en privado sus metas tuvieron más probabilidades de lograrlas que quienes las comunicaron y recibieron el reconocimiento de otros. Concluyó que comunicar tus metas resulta en una "sensación prematura de plenitud". Esto obedece a los "símbolos de identidad" en tu cerebro, que forman la imagen que tienes de ti. Estos símbolos en tu cerebro se crean tanto por el habla como por los actos. Consecuentemente, hablar de tus metas crea símbolos similares a los producidos por las acciones necesarias para alcanzarlas. Tu cerebro ya tiene su símbolo y "descuida la búsqueda de símbolos adicionales".

Un estudio relacionado encontró que cuando una meta tiene submetas, el éxito alcanzado en una de ellas reduce el esfuerzo puesto en las otras. Por ejemplo, para mejorar tu condición física puedes decidir alimentarte de manera saludable e ir al gimnasio con más frecuencia. Pero el éxito en alimentarte de manera sana puede reducir tu motivación para ejercitarte. Probablemente razones que como hoy almorzaste una ensalada, puedes saltarte la ida al gimnasio esta noche. Tu meta general es mejorar tu condición física y la alimentación sana le ofrece a tu cerebro el símbolo que quiere.

¿Qué quiere decir todo esto?

Por mucho que quieras hablar de ello es mejor que mantengas tus metas en privado. No obstante, involucra a otras personas en los procesos y acciones para el logro de tus metas. Si llegas a comentarlo con alguien, asegúrate de no hacerlo en una manera que provoque elogios. Por el contrario, háblales de tu insatisfacción sobre tu estado actual y diles que pueden patearte si te desvías de tu plan.

Comentarlo con un socio en la responsabilidad es aún mejor. No recibirás elogios o felicitaciones de tu socio hasta que hayas hecho algo para merecerlo. Y la presión social en curso por no defraudar a tu compañero ofrecerá a tu cerebro la motivación que necesita. Piensa en esa helada mañana cuando te debates si salir o no de la cama para correr 15 millas. ¿Cuál sería un estímulo más fuerte: el hecho de haber comentado con alguien tu meta hace una semana, o que tu compañero te esté esperando, temblando de frío allá afuera?

El efecto Hawthorne

Las investigaciones demuestran que la sensación de ser observados también influye en nuestro comportamiento. En los años 30 del siglo pasado, la compañía de servicios eléctricos Hawthorne trataba de entender las motivaciones a la productividad. Pensaban que habían encontrado la respuesta cuando el rendimiento de los trabajadores aumentaba al intensificar la iluminación. Luego notaron que si reducían la intensidad de las luces obtenían el mismo resultado. Estaban desconcertados.

Henry Landsberger analizó esta data 20 años después y descubrió lo que llamó el efecto Hawthorne. Landsberger se percató de que no se trataba de la iluminación. Lo que realmente influía en el comportamiento de los trabajadores era la consciencia de ser observados. Los empleados trabajaban con más ahínco cuando sentían que los supervisaban, es decir, cada vez que ajustaban el nivel de la iluminación.

Podemos sacar provecho de este principio haciendo nuestro comportamiento más observable. Un ejemplo es correr utilizando un App de actividad, como Runkeeper o Fitbit, las cuales no solo llevan un registro de tu actividad, las millas recorridas, o tus pasos, sino que además la publican para que tus amigos puedan verlo. Es como tener compañeros de entrenamiento virtuales. Te observan para estar seguros de que haces lo que debes hacer y tú no querrás decepcionarlos.

Supón que intentas disminuir la ingesta de carbohidratos para perder peso. Notifica a tus amigos y colegas que estás dejando las pizzas, bollos de pan y refrescos. Inclúyelos en una cadena de correo donde les envías un enlace a un cuadro con tu consumo diario de calorías o la cantidad de ejercicio realizado. Eso te hará consciente de ti mismo.

Se reduce a lo siguiente: ¿hurgas tu nariz si alguien te observa? No. Mantenerte bajo monitoreo de cualquier manera posible propicia las condiciones para que no dependas primordialmente de la autodisciplina, sino de la presión social y la vergüenza.

Mantener dentro del circuito a otras personas las coloca en una situación vigilante y este conocimiento de saberte observado te mantendrá en ruta. Corre la voz y asegúrate de que los demás sepan que les rendirás cuentas. Y no dejes que te feliciten por tan solo plantearte una meta.

Modelo ejemplar

Una manera final de garantizar una influencia positiva de quienes te rodean es buscar un modelo ejemplar o un mentor.

Esta es una persona que admiras y que ejemplifica como aspiras a ser, alguien que muestra el tipo de comportamiento que deseas emular. No es tan difícil como parece establecer ese tipo de relación personal. La gente se siente halagada cuando les dicen que son vistas como un modelo ejemplar y, generalmente, encontrarán un espacio de tiempo para ti. Ni siquiera tienes que hacer un arreglo formal, o incluso ningún tipo de acuerdo. Mientras tengas a alguien que admiras, mejorarás de manera pasiva.

Aun cuando no tengas un modelo ejemplar en la vida real, construir la imagen de tu modelo ejemplar ideal es un ejercicio útil, que te brindará claridad sobre aquello que buscas. Además, facilita visualizar las circunstancias difíciles cuando te haces la simple pregunta de ¿qué haría mi modelo ejemplar en esta situación?

Podríamos pensar que los modelos ejemplares son más apropiados para los niños, pero no existe un límite de edad. Enfrentamos desafíos en cada etapa de nuestras vidas. Aprender de personas que han pasado por lo mismo y lo han resuelto de manera exitosa es invaluable. Es también la forma más eficiente de aprender, porque en lugar de intentar y luchar por tu cuenta, tienes a alguien que te brinda consejos personalizados acordes con tu perspectiva única.

Puedes ganar una visión enteramente diferente escuchando a tu mentor hablar sobre sus éxitos y fracasos, cómo mantiene su autodisciplina y cómo resuelve sus problemas. Caerás en cuenta de que hay más de una forma de lidiar con diferentes situaciones. Probablemente identifiques comportamientos propios que te impiden avanzar y que son derrotistas. El mejor modelo ejemplar también actuará como un espejo -te permitirá ganar más consciencia de ti mismo y de cómo eres, contrastando cómo actúa él en determinadas situaciones-.

Los rasgos y comportamientos que hacen a tu modelo ejemplar exitoso funcionarán para ti. Admiras su dedicación, disciplina, confianza en sí mismo, compasión, coraje, visión positiva. Cópialas, emúlalas. Las cualidades y hábitos pueden aprenderse y te harán una persona más fuerte y disciplinada.

Por supuesto, la manera en que elijas llevar tu vida personal depende de ti. Pero sigue habiendo evidencia poderosa a favor de rodearse estratégicamente de colaboradores, retadores y modelos ejemplares para beneficiar tu existencia. Puedes pensar en ellos como tu departamento personal de supervisores. No todo el mundo podrá ayudarte en todo, pero al menos contarás con una opinión o perspectiva frente a cada desafío que enfrentes.

Conclusiones: Las relaciones que mantenemos pueden influenciarnos incluso más que el ambiente que nos rodea. Nuestro círculo social nos informa acerca de qué es aceptable, un punto de apoyo o un obstáculo que nos impide avanzar. No puedes escoger a tu familia, pero puedes decidir con quién pasas tu tiempo, así como buscar proactivamente mentores y modelos ejemplares para fortalecer tus áreas débiles.

Capítulo 8. Por qué siempre debes comer tus vegetales primero

En otras palabras, el arte de postergar la gratificación.

Elegir los beneficios a largo plazo en lugar de los placeres inmediatos es el corazón de un estilo de vida autodisciplinado. Limitas recompensas instantáneas a cambio de mayores placeres en el futuro. Asumir desafíos y tolerar las sensaciones molestas que normalmente evitamos son aspectos cruciales de la postergación de gratificaciones.

De hecho, postergar la gratificación es otra manera de definir la autodisciplina, porque atraviesa el mismo proceso para el mismo objetivo. Sufres ahora a cambio de un resultado específico posterior, esto requiere fortaleza mental, sobrepasar tus límites y hacer más de lo que creías posible. Cada vez que postergas la gratificación utilizas tu autodisciplina. Son conceptos inseparables.

Este capítulo explicará cómo pensar, de forma consciente, en tu yo futuro -aquel por quien postergas la gratificación y sufres-.

El experimento del malvavisco de Stanford

Demorar la gratificación es más que una conducta, es una habilidad. Esto quedó demostrado por la reconocida investigación de la Universidad de Stanford conocida como el experimento del malvavisco, el cual mencionamos en el primer capítulo del libro. Es un experimento tan fundamental que con solo mencionar "el estudio del malvavisco" la gente sabe a qué te refieres.

El psicólogo Walter Mischel inició el estudio en los años 60 del siglo pasado, pero su importancia reside en los resultados obtenidos de la observación continua de sus participantes por un período de 40 años.

El experimento original era simple. El investigador entregaría al participante -un niño- un malvavisco. Luego le pediría a cada niño que eligiera: come un malvavisco ahora, o espera un rato y gana un malvavisco adicional por ser paciente. El investigador salía de la habitación por aproximadamente 15 minutos para permitir a los niños rumiar y tomar una decisión. Aquellos que esperaron y demoraron la gratificación para obtener dos malvaviscos resultaron ser los mismos que tenían más altas puntuaciones académicas y en cuestionarios de personalidad. En otras palabras, hay una correlación muy elevada entre la habilidad de postergar la gratificación y el alto desempeño.

El Dr. Mischel y su equipo dieron seguimiento a los participantes mientras crecían desde la etapa preescolar hasta que se convirtieron en adultos jóvenes, llevando un registro minucioso de la información referente a sus éxitos, fracasos y su desempeño general en la vida. Descubrieron que los participantes que postergaron la gratificación en el experimento del malvavisco obtuvieron puntajes más altos en las pruebas SAT, menores niveles de abuso de sustancias, niveles más bajos de obesidad, un manejo del estrés más saludable, mejor capacidad de concentración y mejores logros en diversas mediciones, en comparación con sus contrapartes que no postergaron la gratificación.

Otro hallazgo importante fue que los padres de los niños que postergaron la gratificación reportaron que estos eran más competentes que los propensos a la gratificación inmediata, a pesar de no conocer el desempeño de sus hijos en el experimento. Durante los 40 años que siguieron al estudio, el grupo que esperó pacientemente para ganar un segundo malvavisco tuvo éxito una y otra vez, sin importar qué fuera objeto de medición.

El experimento del malvavisco de Stanford y la data recolectada después demuestran que la capacidad de postergar la gratificación es una habilidad crucial para ser exitoso en la vida. Puede que sea una de las habilidades fundamentales que cimentan el éxito. Debemos tener la voluntad de postergar deliberadamente eventos positivos y recompensas hasta haber completado determinados objetivos o haber alcanzado ciertas metas. Claro, puede que tenga sentido hacer las cosas más fáciles primero para superar la inercia y crear un impulso positivo inmediato cuando luchas por progresar. Pero cuando eliges las cosas difíciles primero, te ofreces un mayor incentivo para perseverar hasta finalizar y mantienes la disciplina en todo el recorrido.

Piensa en la vida diaria y todas las mejoras que puede traer el postergar la gratificación.

Por ejemplo, puedes aplazar ver el último episodio de tu programa de televisión favorito hasta después de terminar tu tarea. Eso te incentiva a enfocarte más y a trabajar más eficientemente, lo cual puede conducir a un mayor aprendizaje y mejores calificaciones. También te permitirá disfrutar correctamente las repeticiones de Seinfeld sin el fantasma de la tarea estresándote.

Aplazar la gratificación de terminar el entrenamiento hasta que hayas superado unas cuantas repeticiones adicionales de un ejercicio difícil puede llevarte a ganancias significativas y una mayor resistencia mental. Puedes demorar la gratificación de abandonar el ejercicio durante un trote exigente en tu búsqueda de una mejor condición física. Al salir del gimnasio puedes postergar la gratificación de comer rápidamente algo poco saludable, y en cambio ir a casa y preparar una cena nutritiva.

Desafortunadamente, en la vida real las recompensas son rara vez inmediatas o tangibles. Con frecuencia demoramos la gratificación por tiempos más largos y de maneras más exigentes, como cuando estudiamos medicina para cosechar las recompensas después de los 30 años de edad, o cuando compramos un carro usado para ahorrar dinero y comprar una casa en unos pocos años. Aun así, es el mismo proceso de ejercicio de la autodisciplina para elegir.

Ser bueno postergando la gratificación te hace mejor para cualquier proeza o disciplina que puedas imaginar, lo cual es necesario para lograr la excelencia en cualquier campo o habilidad. La mayoría de las personas carece de una visión clara y convincente de las recompensas que su sufrimiento les depara, y por eso fallan en la autodisciplina.

Inicias conociendo tus valores y lo que es importante para ti. Recuerda lo dicho en el capítulo sobre las motivaciones y la noción de que estas pueden no ser lo que supones. Tal vez te estimule tener un impacto social como la Madre Teresa, o solo te motive el dinero como a Gordon Gecko. Lo importante es que sepas cuál te corresponde y mantengas tus compensaciones de corto y largo plazo en mente. Puedes también concebir recompensas relacionadas a esos resultados.

Mientras mantengas por más tiempo tus conductas positivas, estas se harán más fáciles y naturales. Si estás acostumbrado a comer el postre antes del plato principal, será un golpe a tu sistema comer los vegetales primero, pero valdrá la pena en el largo plazo.

Actúa en beneficio de tu yo futuro

Batallar con la disciplina puede verse como luchar por colocar tu bienestar futuro frente a tu felicidad y placeres presentes. Una explicación de por qué tantas personas experimentan estas luchas es la incapacidad de relacionarnos o conectar con nuestro yo futuro. De hecho, las investigaciones indican que el simple hecho de imaginar tu yo futuro de manera más vívida puede tener un efecto positivo en tu autodisciplina.

Un estudio de la Universidad de Stanford, llevado a cabo por Hal Ersner-Hershfield y un equipo de colaboradores, utilizó tecnología de imágenes funcionales de resonancia magnética (fMRI) para observar lo que sucede en el cerebro cuando pensamos en nuestro yo futuro. Se pidió a los participantes que se describieran a sí mismos en el presente y cómo se visualizaban en 10 años, además de describir a otras personas. Los patrones neurales evocados cuando las personas pensaban acerca de ellas mismas dentro de 10 años eran consistentemente similares a los patrones neurales observados cuando pensaban en otras personas.

En otras palabras, tenemos una desconexión con las personas que seremos dentro de unos años. Aparentemente no nos importa nuestro yo futuro y por lo tanto no actuamos en su beneficio.

Esta desconexión con nuestro yo futuro sirve para explicar muchos comportamientos que pueden considerarse fallas en la disciplina. Por ejemplo, las personas que no muestran interés en su yo futuro no tendrán la motivación suficiente para ahorrar lo necesario para su retiro. Eso también explica por qué alguien puede continuar consintiendo conductas tales como una dieta poco saludable, a pesar de ser consciente de que se arriesga a futuras enfermedades y otros problemas de salud. Otras cosas, como actuar sin integridad y tomar decisiones no ajustadas a la ética, son más fáciles de entender en vista de que esos conceptos son menos importantes para alguien sin interés en su futuro.

Esto quiere decir que visualizar nuestro yo futuro como si se tratara de otra persona no tiene un efecto positivo en nosotros. De manera significativa, los participantes cuyas imágenes cerebrales indicaban de manera más contundente que veían a su yo futuro como otra persona, fueron también los menos pacientes para tomar una decisión final durante otro ejercicio del estudio. Esto quiere decir que hay una correlación entre ver a nuestro yo futuro como otra persona y ser incapaces de postergar la gratificación -en este experimento la recompensa consistía en obtener una cantidad de dinero mayor que la ofrecida inicialmente-.

Será extremadamente difícil hacer planes para el futuro y llevarlos a cabo con disciplina si no eres capaz de aplazar la gratificación. Para la mayoría de las personas, los problemas y placeres presentes son mucho más importantes que cualquier cosa que vaya a suceder en el futuro. Entonces, ¿cómo podemos resolver esta desconexión mental que tenemos con nuestro yo futuro?

Hacer que las personas piensen a largo plazo ha sido el gran dilema de los psicólogos, pero han descubierto algo capaz de hacer la diferencia. Se reduce a visualizar exactamente quién eres, quién serás y quién quieres ser. Esto facilita crear una conexión tangible con tu yo futuro, lo cual aumenta las probabilidades de que actúes en beneficio de tu porvenir.

El mismo psicólogo del estudio de fMRI anterior, el Dr. Esner-Hershfield, dirigió otro experimento que intentaba entender cómo era posible incrementar la propensión a demorar las gratificaciones. Antes de iniciar el experimento, tomó fotos de los asistentes y utilizó software para crear identidades digitales de ellos. La mitad de los participantes tenía representaciones digitales de su yo presente, mientras que la otra mitad tenía representaciones envejecidas, con papadas, bolsas bajo los ojos y cabello cano.

Los sujetos exploraron ambientes virtuales con sus identidades digitales hasta, eventualmente, encontrarse con un espejo que reflejaba su yo presente o su yo futuro. Luego de la experiencia de realidad virtual, se preguntó a los participantes cómo distribuirían $ 1.000, dadas cuatro opciones: a) Comprar un regalo para alguien especial, b) Invertir en un fondo de retiro, c) Planificar un evento divertido, o, d) Depositar el dinero en una cuenta corriente. Aquellos que vieron la versión envejecida de ellos mismos reflejada en el espejo virtual, colocaron en el fondo de retiro cerca del doble de la cantidad que los otros participantes.

Como control experimental, los investigadores también examinaron a personas que respondieron luego de haber visto representaciones digitales de otros sujetos. No obstante, descubrieron que solo los participantes que vieron su propio yo futuro favorecieron las opciones de largo plazo, en contraste con los que solo vieron su yo presente. En otras palabras, la visualización tangible de tu yo futuro hace que lo sientas menos como un extraño. Como resultado de esta visualización, los individuos son más propensos a tomar decisiones que sean mejores para ellos en el largo plazo.

Si quieres tener una experiencia similar a la de los participantes que vieron versiones envejecidas de sí mismos, puedes buscar en internet apps o software de envejecimiento, disponibles en varias opciones gratuitas. Esta puede ser una poderosa herramienta para postergar la gratificación y favorecer la disciplina, porque contribuye a que tengas más presente a tu yo futuro, en comparación a cuando no lo has visualizado. Pero, este paso no es indispensable.

Una manera más simple de aplicar las conclusiones del estudio consiste en pensar con más frecuencia en tu yo futuro, experimentando las consecuencias de las acciones de tu yo presente. Por ejemplo, imagina que sientes ganas de procrastinar en el trabajo. En lugar de ceder a la tentación, puedes pensar en tu yo futuro que ha eludido el trabajo y ha perdido la oportunidad de socializar y divertirse o relajarse sin estrés, todo debido a que tu yo presente quiere ser perezoso. Ponte en los zapatos de tu yo futuro con tanto detalle como sea posible. Piensa cuánto sufrirás y cuáles serán las consecuencias de costo y beneficio por tu falta de disciplina.

Es fácil decir que harás algo después cuando realmente no piensas en ello, pero una vez que reflexionas te das la oportunidad de ser disciplinado. En este punto, la decisión correcta será usualmente más obvia y se sentirá más fácil.

La regla 10-10-10

Sin importar lo bien que visualices el futuro y lo bueno que seas aplazando la gratificación, inevitablemente seguirás enfrentando tentaciones e impulsos de abandonar la disciplina que pueden sobrepasarte. Si eso implica ser menos riguroso con tu dieta en una cena con amigos, probablemente no sea gran cosa. Pero si eso significa que estás a punto de perder tu fuerza de voluntad y recaer en una adicción dañina del pasado, querrás tener una herramienta bajo la manga para mantener la disciplina. Aquí es donde entra en juego la regla 10-10-10.

La próxima vez que sientas que vas a ceder ante un impulso pregúntate cómo te vas a sentir dentro de 10 minutos; luego de 10 horas y cuando pasen 10 días. La regla 10-10-10 puede no parecer tan poderosa, pero es efectiva porque te obliga a pensar en tu yo futuro y ver cómo tus acciones tendrán un efecto sobre ti, para bien o para mal. Muchas veces sabemos que perdemos disciplina o hacemos algo dañino al momento, pero eso no es suficiente para detenernos, porque carecemos de una conexión con nuestro yo futuro y las consecuencias que habrá de sufrir. La regla 10-10-10 establece esa conexión rápidamente y eso hace la diferencia entre el éxito o fracaso de nuestra disciplina.

¿Por qué intervalos de 10 minutos, 10 horas y 10 días? Porque nos ayuda a tener en cuenta cómo los placeres a corto plazo o el hecho de relajar la disciplina se relacionan con las consecuencias a largo plazo. Luego de diez minutos posiblemente te sientas bien, quizás solo con una pequeña sensación de vergüenza asomándose. Luego de 10 horas sentirás, principalmente, bochorno y remordimiento. 10 días después estarás consumido por el arrepentimiento, al percatarte de las consecuencias que tus decisiones y acciones tienen sobre la realización de tus metas a largo plazo

Por otro lado, podrías utilizar la regla de 10-10-10 y caer en cuenta de que una falta en tu autodisciplina en el presente no hará ninguna diferencia dentro de 10 días. Si ese es el caso, puedes consentirla sin culpa y sin vergüenza.

Por ejemplo, imagina que aplicas la regla 10-10-10 cuando eliges si te saltas una ida al gimnasio para cenar con tus colegas. Si apenas has empezado a ejercitar y no has cimentado un hábito consistente todavía, tu decisión de perder una sesión del gimnasio puede aumentar las probabilidades de faltar a ese compromiso en el futuro e, incluso, abandonar el gimnasio por completo.

¿Cómo te sentirás en 10 minutos, 10 horas y 10 días? En diez minutos, mientras todavía saboreas la lasaña o el helado, bien, con algo de remordimiento. El placer todavía es tangible. En 10 horas, mayormente culpa, en la medida en que el placer se disipa, desaparece y has abandonado del todo tu dieta. En 10 días, 100% de remordimiento, porque la disciplina rota pierde todo sentido y el placer es solo un débil recuerdo.

Por otra parte, si el ejercicio ya es un hábito que disfrutas consistentemente, entonces imaginar cómo te sentirás en 10 días te mostrará rápidamente que faltar un día al gimnasio no perjudica tus metas o tu disciplina en el largo plazo.

Cuando la regla del 10-10-10 no te persuade, o tu dilema de fuerza de voluntad es especialmente difícil, puedes hacerte esta última pregunta: ¿cómo me afectará esta ruptura de mi fuerza de voluntad dentro de 10 semanas o incluso en periodos mayores? También vale cambiar el parámetro de 10 semanas si estás comprometido con decisiones o tareas a más largo plazo.

En este proceso, es crucial ser honesto contigo mismo y ser cauteloso con tu habilidad para racionalizar y dar excusas. Por ejemplo, puede que en el pasado hayas intentado romper con un hábito adictivo muchas veces, hayas fracasado y, eventualmente, reforzado conductas perniciosas. Si tienes una historia de recaídas en malos hábitos después de una sola falla en tu disciplina, entonces una evaluación honesta de cómo puedes sentirte después de 10 días o 10 semanas te dirá que simplemente no puedes permitirte una sola falta, si quieres alcanzar tus metas a largo plazo. Tu historial demuestra que no fue una excepción o que en esa oportunidad se justificaba, sino que es un reflejo de tu carácter para bien o para mal.

Sin honestidad y sin la habilidad de reconocer la racionalización y las excusas por lo que son, aplicar la regla de 10-10-10 es un ejercicio fútil.

En general, mejorar en la postergación de las gratificaciones va de la mano de una mayor autodisciplina. Mientras puedas visualizar de manera más vívida tu yo futuro, más probabilidades tendrás de aplazar las gratificaciones durante los momentos de tentación. Debes explorar las maneras de crear una conexión más sólida con tu yo futuro. Puedes empezar por guardar lo mejor para lo último en tu plato de comida, y saborear realmente esos bocados que dejaste para el final. Cuando demorar la gratificación no es tan simple o fácil, date una pausa y utiliza la regla del 10-10-10 para tomar la decisión más saludable posible -empezando por tus vegetales, por supuesto-.

Conclusiones: El concepto de gratificación postergada no es nuevo. Es la capacidad de comer tus vegetales antes que el postre. Las investigaciones demuestran que esta sencilla habilidad está estrechamente correlacionada con un alto desempeño en varios aspectos de la vida. Otra manera de verlo es pensar más proactivamente en tu yo futuro -aquel que será recompensado por tu sufrimiento temporal-. Finalmente, puedes dar un vistazo al futuro con la regla del 10-10-10: ¿cómo te sentirás o te verás afectado por las fallas en tu autodisciplina en 10 minutos, 10 horas y 10 días?

Capítulo 9. ¡Urgente! Leer en caso de tentación

La disciplina nunca es fácil. En el mejor de los casos, es como usar calcetines húmedos por un largo periodo de tiempo. Sabes que resulta incómodo y prefieres estar descalzo, pero en la medida en que te acostumbras, no te preocupas a menos de que empeore mucho la incomodidad. Al final del día sigues usando calcetines húmedos.

Pero a veces tratar de ser disciplinado es extremadamente difícil. Puede derribarte o hacer que te hales los cabellos por la frustración y el agotamiento. Afortunadamente, hay un conjunto de preguntas que puedes hacerte para encarrilarte. Estas preguntas tienen como intención concentrarte en tus metas y búsquedas -las cosas que en primer lugar te motivan a mantener la disciplina-. También pueden arrojar una luz sobre las razones de tus deseos de persistir o abandonar, lo cual puede ser esclarecedor.

Si puedes hacer el esfuerzo de formularte estas preguntas y responderlas de una manera honesta, serás más consciente de tus tendencias a la racionalización y a dar excusas, y estarás preparado para crear mejores hábitos que te lleven a una vida disciplinada.

Pregunta 1

La primera pregunta que debes formularte es la más directa. Te obliga a clasificarte viéndote bajo una luz severa o positiva.

¿Quiero ser una persona disciplinada o no?

No te des espacio de maniobra cuando respondas esta pregunta, tienes que responder con un simple sí o no. Si te detienes y abandonas debes responder no. No hay excepciones, ni un "pero" o un "si" condicional. O eres disciplinado o no lo eres, no hay espacio para medias tintas. Si eres disciplinado harás aquello que no te apetece hacer porque es necesario para alcanzar tus metas. Debes clasificarte de una manera u otra en cada coyuntura.

Por supuesto, la realidad no está en blanco y negro. Una falla en la disciplina no te hace una persona indisciplinada, solo te hace humano. Pero cuando te aproximas a una decisión o acción como si fuera blanco o negro, encuentras una motivación fuerte contra el fracaso, porque no te querrás ver como alguien indisciplinado. Cualquier otro curso de acción es una derrota cuando no hay un área gris. Te ves obligado a considerar si te parece bien ser percibido de esa manera, o si quieres superarlo y mantener la disciplina, aun cuando no te sientas tan bien.

Obviamente querrás ser capaz de responder "sí, soy disciplinado". Como no hay manera de contestar "sí" y faltar a la disciplina, te sentirás impulsado a seguir y tomar la decisión correcta.

Imagina que tienes cosas que hacer pero te sientes cansado y quieres dejarlo de lado y relajarte en lugar de trabajar. Mientras más tiempo pases analizando esa decisión te das más tiempo para racionalizar ser perezoso. Si no estás atento, tu mente te convencerá de que no haces nada malo procrastinando hasta que estés menos cansado y el trabajo sea más urgente. Pero si la decisión es blanco o negro, sabes cuál decisión es disciplinada y cuál no. Pellizcas ese proceso al nacer y saltas a actuar porque no quieres verte como una persona indisciplinada.

En ese punto no puedes mentirte a ti mismo o racionalizar para actuar sin disciplina. Si escoges no trabajar es una evidencia clara de que eres una persona sin disciplina para alcanzar tus metas. Algunas veces un planteamiento simple nos da el impulso que necesitamos para evitar una falla en la autodisciplina. También tiene el efecto adicional de avergonzarte para que actúes.

Pregunta 2

La segunda pregunta que puedes hacerte cuando sientas tambalear tu disciplina puede prevenir todavía más una racionalización perniciosa. Mientras más inteligente eres es más fácil que te engañes. Por lo tanto, entender a cabalidad por qué quieres romper con tu disciplina es importante.

¿Estoy haciendo lo correcto o lo que me resulta más fácil?

Con frecuencia, hacer lo correcto quiere decir hacer lo más difícil. Desafortunadamente, a menudo son la misma cosa. Una persona promedio no elige cosas difíciles cuando existe otra alternativa, es por esto que la disciplina es un componente del que carecen las personas que no alcanzan sus metas. La gente tiende a gravitar hacia el camino que ofrece menos resistencia, de manera consciente o no. Si no quieres ser como ellos, tienes que ser capaz de responder con precisión si lo que haces es correcto o no.

Cuando puedes decir con confianza que haces lo correcto, te obligas a estar alerta de cuándo das excusas por tu proceder. Este es un paso importante, porque no fortalecerás tu disciplina ni alcanzarás tus metas si aceptas tu propia racionalización y tus excusas. Si no haces lo debido, entonces, cualquier cosa que salga de tu boca es simple y llanamente una excusa.

Probablemente habrás sentido algo parecido cuando te invitan a algún compromiso social al cual no deseas asistir. Algunas veces en esa situación intentamos con desespero fabricar una excusa para no ofender a quien nos invitó. Lo hacemos porque pensamos que así evitamos una confrontación y somos menos rudos que cuando decimos la verdad, es decir, que simplemente no queremos ir. No obstante, nos resulta difícil reconocer que con frecuencia también nos autoengañamos, para sentirnos mejor. Sería preferible empezar por ser honestos con nosotros mismos respecto a nuestro comportamiento

En lugar de racionalizar que no trotaremos "porque hace mucho calor" o "es demasiado tarde", dirías: "No trotaré hoy porque soy demasiado blando y perezoso para mantener mi disciplina".

En realidad, ¿por qué dejaste de trotar? Porque eres perezoso. Sabes que lo correcto es salir a ejercitarte, pero optas por una salida fácil. No hay espacio para la maniobra, igual que en la primera pregunta de este capítulo. Te percatarás de las racionalizaciones y excusas que piensas normalmente. De hecho, empezarás a ser brutalmente honesto contigo mismo, lo cual puede marcar la diferencia y conducir a un cambio en tu comportamiento.

Siempre deberías querer contestar que haces lo correcto, y eso con frecuencia implicará que quieres hacer un pequeño esfuerzo adicional. Cuando haces esto consistentemente, ese esfuerzo extra rinde sus beneficios.

Por ejemplo, puede que tengas la oportunidad de copiar durante un examen. Sabiendo que no será descubierto, un estudiante típico lo haría. Pero cuando llega el momento del examen final, el aula está completamente monitoreada y es muy riesgoso o prácticamente imposible copiar. Los estudiantes que no hicieron trampa en los exámenes previos y cumplieron con sus estudios, habrán aprendido toda la materia durante el semestre y tendrán una buena oportunidad de tener éxito. En cambio, los estudiantes que hicieron trampa durante el semestre no sabrán nada para el examen final.

Lograr tu meta no es muy diferente al éxito en ese examen final. Seguro puedes alcanzar pequeños logros en el camino mediante los atajos de la racionalización, pero eventualmente te pasan factura y encontrarás que ya no tienes lo que te hace falta lograr tu objetivo. Hacer lo correcto puede incrementar la dificultad del recorrido inmediato, pero cuando perseveras consistentemente resulta ser la ruta más eficiente para lograr tus metas.

<u>Pregunta 3</u>

Sin metas y aspiraciones la disciplina se sentirá como sufrimiento sin sentido. Por lo tanto, nuestras fallas en la disciplina suceden cuando no estamos conectados con nuestros objetivos. Aquí entra entonces la tercera pregunta. Esta aclara lo que quieres lograr y la razón de tus sufrimientos o incomodidad para asumir y mantener la disciplina.

Estos son los vegetales, ¿entonces qué me toca de postre?

Esencialmente eres disciplinado y asumes la incomodidad para poder disfrutar de algún beneficio personal en el futuro. El comportamiento disciplinado es como los vegetales y los beneficios son el postre. Es fácil flaquear si olvidas cuáles son las ganancias.

Si pierdes de vista tus metas o las recompensas que obtendrás por tener disciplina, esta fallará y, como dijimos anteriormente, sentirás que sufres sin sentido. No tener una idea clara de la finalidad de tu esfuerzo te hará pensar que es mejor no molestarse.

Generalmente, perdemos de vista el postre de dos maneras.

Primero, lo olvidamos. Por ello es muy importante tener recordatorios en lugares de fácil acceso y tener siempre presente *la razón* que hace a la disciplina tanto necesaria como provechosa. Imágenes, alarmas, señales de todo tipo que hagan a las recompensas futuras tan tangibles como sea posible.

Segundo, el postre no es lo suficientemente convincente por sí mismo y no está vinculado a algo que motive lo suficiente. Si tu postre o recompensa no es lo bastante significativa para justificar la molestia pasajera que experimentas cuando eres disciplinado, será mucho más difícil mantener la disciplina. Tienes que conocer de manera exacta la recompensa que buscas e, idealmente, debe ser algo en lo que piensas y te preocupa a diario. También debes extrapolar cómo contribuye con tu vida en una escala mayor y todos los beneficios que recibirás por ello.

Los fisicoculturistas son un ejemplo de sufrimiento verdadero a cambio de un beneficio. Durante los meses previos a una competencia deben mantener una rigurosa dieta saludable y un régimen de ejercicios constante. Y una semana antes del certamen deben incluso reducir la ingesta de alimentos a una fracción del consumo previo y entrenar con más intensidad. Es un verdadero sufrimiento físico, mental y emocional.

No obstante, persisten año tras año porque sienten que los beneficios valen la pena. Sienten que el sufrimiento es provechoso debido al impacto que tiene sobre sus vidas y las ventajas que su condición física les trae. Tienen la posibilidad de hacerse millonarios con los patrocinios y triunfos en las competencias, pueden llegar a la cima de su deporte y convertirse en leyendas. Los beneficios justifican el sufrimiento y sirven como un recordatorio constante para mantenerse en la ruta.

Entonces te preguntas, ¿para qué hago todo esto? Probablemente no tengas la disciplina necesaria para ser un fisicoculturista, pero debes asegurarte de que los beneficios sean notables y te motiven verdaderamente. Mientras más disciplina te exijas, más grande ha de ser la recompensa que encuentres al llegar a la línea de meta. Sin importar cuán ambiciosas sean tus metas, tenerlas presentes de manera constante te llevará a entender la necesidad de tener disciplina y de mantenerla.

Pregunta 4

¿Has cedido alguna vez a un apetito sin percatarte de que lo hacías en ese momento? Para la mayoría de nosotros la respuesta es "sí". Es por ello que tenemos esta última interrogante en nuestra serie de preguntas para prevenir el fracaso. Si podemos lograr la más difícil de las tareas, pensar acerca de nuestro pensamiento, podremos domar con éxito nuestros impulsos y comportarnos disciplinadamente.

¿Soy consciente de mí mismo?

No te sientas mal por las fallas en la consciencia de ti mismo, nos suceden a todos. No obstante, como sabes, las distracciones e impulsos son enemigos de la disciplina. Las investigaciones demuestran que las personas que están distraídas cuando compran alimentos tienen más probabilidades de probar muestras de comida gratuitas y realizar compras impulsivas que los compradores conscientes. ¿Y por qué no lo harían? Pensar lógicamente con una mente distraída es imposible, por lo tanto no es una buena apuesta creer que tomarás la decisión correcta en esa instancia.

La consciencia de uno mismo es lo suficientemente importante como para fortalecer o romper nuestra autodisciplina. Si tu mente siempre divaga alejándose del presente, encontrarás que no te das cuenta de las fallas en tu disciplina hasta que es demasiado tarde. No solo eso, sino que la razón que responde a tu tercera pregunta ya no tiene sentido. Querrás reducir cosas como el estrés, el miedo y la ansiedad tanto como sea posible para mantenerte presente y con una mente clara en tu vida cotidiana.

La meditación ha demostrado que es un método viable de lograr un estado de consciencia presente. Realmente, cualquier cosa que puedas hacer para mantenerte enfocado en el presente es buena, sea la creación artística, escuchar música o practicar algún deporte. Cualquier cosa que produzca más consciencia de uno mismo en la vida diaria termina por ayudar a la autodisciplina.

Por supuesto, solo tener presentes estas preguntas es una manera de estar consciente de ti mismo. Pero responder honestamente "sí" a la última pregunta, significa también que no cedes o alimentas las tentaciones.

Por ejemplo, una persona adicta a la pornografía puede hacer bien evitándola, pero luego se encuentra con una imagen provocadora en las redes sociales que dispara su hábito adictivo. Estar consciente en ese momento significa que tan pronto sienta su reacción a la imagen, reconoce que alimentar ese impulso hará más difícil ser disciplinado. En lugar de permanecer irracionalmente conectados a las redes sociales viendo más imágenes, fortaleciendo el apetito, la consciencia de uno mismo nos permite cerrar sesión mientras todavía podemos manejarlo. Puede que no seas capaz de atraparte en el acto, pero estar consciente de ti mismo significa que puedes detenerte en un momento más temprano del proceso, en lugar de permanecer una hora en las redes sociales y luego preguntarte en qué se fue el tiempo.

Nuestro cerebro busca siempre el placer hedonista, pero con una consciencia aumentada de ti mismo puedes examinar los patrones y comportamientos que te llevan por caminos negativos.

Cualquiera de las cuatro preguntas de este capítulo por sí sola puede ser lo suficientemente útil para prevenir una falla en tu disciplina. El hecho de que leas este libro indica que quieres ser disciplinado, por lo tanto, preguntarte si tus acciones reflejan que eres disciplinado es un buen primer paso. Cuestionarte además si lo que haces es lo correcto o estás tomando el camino fácil, te obliga a confrontar tus tendencias a racionalizar y dar excusas. Recordar consistentemente cuáles son tus objetivos y motivaciones fomenta un fuerte sentido de la importancia de la disciplina. Finalmente, la consciencia de ti mismo unifica todo y contribuye a mantenerte con la mente clara y enfocada en las metas que te has propuesto con disciplina.

Cuestiónate, sé honesto con tus respuestas y observa cómo tus hábitos y disciplina se hacen cada vez más y más fuertes durante el proceso.

Conclusiones: Existen cuatro preguntas amplias y esclarecedoras que debes formularte cada vez que enfrentes cualquier tentación, distracción o impulso. ¿Eres disciplinado o no? ¿Haces lo correcto o lo más fácil? ¿Qué te toca de postre? ¿Eres consciente de ti mismo?

Capítulo 10. Actitud y enfoque son todo

Tu enfoque afecta profundamente cuán negativa o positivamente percibes tu vida y el mundo que te rodea e impacta tu autodisciplina. Un amplio cuerpo de evidencias científicas avala los beneficios de un enfoque positivo en relación con la motivación y la disciplina, aparte de los muchos otros beneficios que tendrá en otros aspectos de tu vida.

Este capítulo profundizará en algunas de las maneras de asumir una perspectiva más positiva y optimista y las mejoras resultantes que observarás.

El efecto del progreso fundamentado

Una manera de fomentar una actitud disciplinada consiste en usar el llamado efecto del progreso fundamentado, el cual establece que debes pensar en términos de lo que ya tienes. Por ejemplo, en un videojuego donde ganas monedas o puntos a medida que juegas, podrían ofrecerte una cantidad de monedas o puntos al inicio, para captarte.

La idea general es que la gente trabaja más arduamente por lograr algo cuando es consciente de todas las razones que indican que no empieza de cero y está más cerca de culminar su objetivo. De esta manera, si facilitas algún tipo de progreso artificial en el recorrido hasta la meta, incrementarás las probabilidades de que una persona invierta el esfuerzo faltante para completar el objetivo.

Los investigadores Joseph C. Nunes y Xavier Dreze probaron esta teoría de una manera ingeniosa, utilizando tarjetas de fidelidad de una compañía de autolavado. Entregaron dos tarjetas diferentes, una que requería el pago de ocho servicios de lavado para ganar uno gratis, y otra que requería 10 lavados, pero con dos de los consumos ya estampados. Sin importar qué tarjeta recibieran los clientes, todos necesitaban realizar el mismo esfuerzo para obtener un lavado gratis. No obstante, el progreso artificial hacia el logro de la meta que producía la tarjeta con las dos casillas marcadas produjo resultados significativos. Nueve meses después de entregar las tarjetas, el 34% de las personas que recibió la tarjeta preestampada solicitó el lavado de auto gratis, mientras que solo el 19% de quienes recibieron la otra tarjeta lo hicieron.

El efecto del progreso fundamentado crea la percepción de que el esfuerzo necesario para lograr un objetivo es menor y genera la sensación de que ya se ha avanzado en el camino a su consecución. En consecuencia, aumenta la probabilidad de que las personas hagan el esfuerzo por alcanzar la meta. Un cliente que haya pagado 3 servicios de lavado y necesite consumir siete más para obtener uno gratis, puede tener una percepción diferente a la de otro cliente que tiene el mismo registro de tres lavados, pero con dos de ellos sellados gratuitamente.

Aun cuando estos ejemplos describen escenarios donde la publicidad utiliza el efecto del progreso fundamentado como una especie de manipulación, la lección que podemos extraer es que este efecto puede ser valioso para la práctica diaria de tu autodisciplina.

Si puedes pensar en las maneras en que ya has progresado hacia el logro de tus metas, o cómo iniciaste con buen pie, será más probable que mantengas la disciplina para alcanzar tu objetivo. Debes cuantificar tu progreso y visualizarlo, de tal modo que sientas que ya estás lejos del punto de inicio. Si de alguna manera has invertido en alcanzar tu meta, podrás vislumbrar qué se siente al perder tiempo, esfuerzo y recursos si no perseveras en tu ruta hacia al logro de tus objetivos.

Piensa en las formas como puedes contabilizar el progreso alcanzado, inclusive antes de empezar. Posees ciertos rasgos, capacidades y ventajas que te colocan más adelante que otras personas. ¡Eso cuenta!

Por ejemplo, digamos que tu meta es tocar guitarra. Puede que nunca en tu vida hayas tocado el instrumento, pero eso no quiere decir que no hayas realizado algún progreso. Puede que ya tengas unos dedos hábiles por practicar con otro instrumento o jugar con Guitar Hero. Quizás ya sepas leer partituras o conoces a alguien que te pueda dar lecciones. Podrías tener un amigo que te preste su guitarra y así no tendrías que ahorrar dinero para comprar una. Tal vez tocaste el ukelele por unos meses cuando eras más joven. Todas esas cosas pueden contabilizarse como parte del tiempo y esfuerzo necesario para aprender a tocar la guitarra, sin que parezca que empiezas de cero, y eso puede motivarte a hacerlo. Inicias con un 20% de progreso en lugar de empezar desde cero y esto puede sentirse como algo significativo.

Proximidad de la meta

Un concepto similar al efecto del progreso fundamentado es la idea de la meta próxima, la cual expresa que mientras más cerca estamos de nuestro objetivo, más nos esforzamos por alcanzarlo.

El psicólogo investigador Clark Hall desarrolló por primera vez en 1930 esta hipótesis. Él observó en un experimento con ratas cómo estas corrían más rápido en un laberinto, en la medida que se acercaban al alimento. Otro investigador, Judson Brown, en la década siguiente, modificó el enfoque de ese experimento. Colocó un arnés a las ratas que corrían hacia la comida y midió la cantidad de fuerza empleada para halarlo, conforme variaba la distancia del alimento. De manera similar al experimento del laberinto de Hall, Brown descubrió que las ratas aumentaban el esfuerzo en la medida en que estaban más cerca de la comida.

En este caso, nuestro cerebro no es muy diferente al de las ratas. Sentir que no hemos realizado ningún progreso en la procura de nuestras metas puede hacerlas parecer irrealizables o, incluso, que no valgan la pena. Pero insisto, inyectar cualquier tipo de progreso artificial en el camino a nuestros objetivos puede ofrecer el impulso para lograrlos, puesto que sentimos su culminación más cercana.

Un ejemplo que ilustra perfectamente la proximidad de la meta es el caso de los corredores de maratones, los cuales corren más rápido la milla 26 que la mayoría de las millas precedentes. Teóricamente, los corredores deberían ser más lentos y estar más cansados hacia el final del maratón. No obstante, corren consistentemente más rápido durante la última fase de la carrera, porque saben que están próximos a alcanzar la meta. Si puedes ver la línea de llegada, literal y figurativamente, tendrás más posibilidades de hacer el esfuerzo final para alcanzarla.

Este principio, combinado con el anterior, implica que debes siempre mantener un registro de tu progreso y tienes que asegurarte de anotar cada logro, sin importar lo pequeño que sea. Enfatizar lo lejos que estás del punto cero y lo cerca que estás de lograr el 100%.

Piensa cómo tus actos pueden beneficiar a otros

La mayoría de las personas se sienten felices al ofrecer positividad y beneficiar las vidas de otros. Considerar cómo tus actos afectan a quienes te rodean puede ser una fuente poderosa de motivación para ser disciplinado y hacer lo correcto.

Adam Grant, científico social de la escuela Wharton de la Universidad de Pensilvania, descubrió en sus investigaciones que pensar en cómo nuestras acciones afectan a otros es algunas veces una motivación más poderosa que cualquier efecto sobre nuestras personas. Grant observó que en los hospitales tratan de persuadir a los empleados de ser diligentes con el lavado de sus manos, advirtiéndoles que si no lo hacen después de atender a cada paciente aumentan la probabilidad de enfermarse. Pero resulta que este tipo de alerta es poco efectiva.

Aun cuando los profesionales de la salud saben que lavar frecuentemente sus manos es importante, solo lo hacen un tercio o la mitad de las veces que se exponen a pacientes con gérmenes o con enfermedades contagiosas. Esto puede obedecer a lo que los psicólogos denominan "ilusión de invulnerabilidad", una teoría que explica por qué la gente cree irracionalmente que no corre el riesgo de enfermarse.

Adicionalmente, Grant se percató de que los letreros alertando a los doctores y enfermeras acerca de la importancia de lavarse las manos por su propio bien eran ineficaces. Entonces, diseñó un experimento probando dos carteles. Uno decía: "Mantener la higiene de tus manos evita que contraigas una enfermedad" y otro en el que se leía: "Mantener la higiene de tus manos previene a tus pacientes del contagio de enfermedades". Los letreros fueron ubicados en diferentes lugares del hospital, en los cuales se monitoreó la frecuencia con que los doctores y enfermeras lavaban sus manos, midiendo incluso la cantidad de jabón y gel desinfectante utilizado.

El letrero que recomendaba el lavado de manos para proteger a los pacientes produjo una frecuencia de lavado 10% superior, y un uso de jabón y gel desinfectante 33% más elevado, respecto al cartel que alertaba de los riesgos personales.

Entonces, aparte de estas revelaciones sobre los profesionales de la medicina, ¿qué podemos aprender de la investigación de Grant?

Primero y principal, debemos pensar cómo nuestros actos afectan a otros. Esta atención puede funcionar como una poderosa motivación o como una herramienta que nos conduzca desde la vergüenza hasta mejores comportamientos.

Hemos hablado en capítulos anteriores acerca de cómo las personas con las que te relacionas tienen un efecto importante sobre tu disciplina y tu vida. Esta es solo otra manera en que la gente puede influir sobre tu comportamiento.

Por ejemplo, hemos hablado del entrenamiento físico como modelo para desarrollar la autodisciplina y cómo el concepto de tener un compañero de entrenamiento te ayuda a ser responsable. Pero, ¿por qué funciona tener un compañero de entrenamiento? Porque no quieres defraudarlo. De acuerdo al estudio de Grant, puedes encontrar motivación cuando piensas que contribuyes con la vida y los niveles de condición física de tu compañero. En aquellos momentos en que te sientes cansado, ser responsable para tu propio beneficio normalmente no es suficiente, por lo tanto, pensar cómo tu pereza puede impactar negativamente a otras personas será más efectivo. Por otra parte, pensar en cómo puedes motivar e inspirar a alguien para que se ejercite, dando tu mejor esfuerzo, te ofrecerá esa cantidad adicional de perseverancia que necesitas para mantenerte en el carril.

Piensa con optimismo

Un enfoque vivencial que conduce a la autodisciplina puede ser resumido en la frase "ser realistamente optimista", esperar lo mejor y prepararse para lo peor.

Trata de adoptar consistentemente la visión del vaso medio lleno y busca lo positivo en todo lo que sucede. Esto lleva hacia la autodisciplina, porque tener una mentalidad positiva te prepara para manejar el fracaso y el desaliento, elementos ineludibles del crecimiento personal genuino. En lugar de estancarte en esos reveses aprenderás como superarlos. No te sentirás desalentado, porque tienes presente la posibilidad de un revés, y sentirás que lo mejor aún está por venir.

Ser optimista es un proceso de autopersuasión.

En otras palabras, eliges ver el mundo bajo una luz positiva y abandonas tu adicción a la negatividad y al drama. Por supuesto, ser optimista requiere de mucho tiempo y esfuerzo. Sería genial poder decir "seré optimista desde hoy en adelante" y que esto realmente sucediera. Ese no es el caso, sin embargo, el camino que ofrece la menor resistencia para hacerse optimista es aquel enfocado en ser conscientes a diario y autodisciplinados, tanto en pensamiento como en acción.

En la medida en que desarrolles un enfoque cada vez más optimista te resultará más fácil evitar personas y situaciones negativas o improductivas. También verás esperanza y potencial donde antes no veías nada. En lugar de quedar atrapado en tus problemas, encontrarás múltiples soluciones y la voluntad para solucionarlos.

Quizás la cosa más importante que sucede cuando te propones ser optimista es que empiezas a atraer a otros pensadores positivos, que pueden influenciarte para hacer cosas mejores y más grandes para ti mismo. Así, en lugar de perder un tiempo precioso que nunca recuperarás, te dedicas a actividades y trabajos que te alimentan y nutren en todos los niveles.

Entonces, ¿cómo contribuye el optimismo a hacerte disciplinado?

Imagina que has experimentado una difícil ruptura que te ha dejado con el corazón roto y desolado. Un pesimista quedaría atrapado en la idea de que nunca encontrará tanto amor y felicidad con otra pareja, o rumiará sus remordimientos por los errores cometidos en la relación. Estará emocionalmente asustado por meses y desconfiará de los humanos en general. Por otro lado, un optimista asumirá esto como una oportunidad de crecimiento personal, examinará su rol y buscará nuevamente el amor, con el corazón abierto. Mientras que el pesimista tardará meses o incluso años para superarlo, el optimista estará equipado para procesar y aprender de la ruptura, mientras continúa siendo productivo y disfrutando de la vida.

Todos pasamos por tiempos difíciles; una actitud optimista permite a algunos mantenerse disciplinados y productivos en esas circunstancias, mientras otros pierden de vista sus sueños y metas.

Piensa en términos de esfuerzo

Muchas cosas que suceden a nuestro alrededor y a nosotros mismos están fuera de nuestro control. Cuando nos enfocamos en lo que podemos controlar -nuestro propio esfuerzo-, nuestra mentalidad se hace mucho más sana. Los resultados, a pesar del esfuerzo que invirtamos por alcanzarlos, obedecen en un 100% a influencias externas.

En la medida en que te enfoques en los resultados los unirás a tu valía personal, te cerrarás a nuevas experiencias y evitarás asumir riesgos. De hecho, si te preocupa fracasar, puede que desde el principio disminuyas el esfuerzo, para no tener que enfrentar la posibilidad de reconocer que entregarte del todo no sea suficiente. Por otra parte, cuando unes tu sentido de valía al esfuerzo que haces empiezas a disfrutar el proceso sin importar el resultado.

Eso no significa que ya no tendrás metas, sino que debes cambiar tus metas con sutileza. En vez de apuntar a los resultados, los cuales son imposibles de controlar, tu objetivo debe ser invertir tu mejor esfuerzo en el momento presente. Eso es algo que puedes controlar y que te hará sentirte bien al respecto.

En cualquier momento que te sientas atrapado o atascado en un punto de tu vida, pregúntate si estás enfocándote en los resultados o en lo que la gente piensa de ti, o si estás enfocado en el proceso para alcanzar tu meta y vivir verdaderamente en el presente. Cuando disfrutas el recorrido puedes expresar y manifestar tus dones y talentos por entero de una manera que, con frecuencia, conduce a resultados más positivos.

Los esfuerzos fallidos pueden llevar al éxito y el esfuerzo perfecto puede llevar al fracaso. Por lo tanto, es importante separar tu desempeño de los resultados, porque eso evitará que refuerces las técnicas erróneas. Serás capaz de aprender y desarrollar nuevas habilidades de manera eficiente si logras reconocer las cosas que hiciste bien en el proceso, sin importar si conducen o no al resultado deseado en cada caso particular.

Por ejemplo, digamos que quieres aprender a hablar italiano básico en tres meses, antes de un viaje a Italia. Sería un gran ejercicio de disciplina si puedes estudiar a diario por 15 minutos consistentemente, aunque no sea mucho tiempo. Tal vez llegues a Italia y te decepciones al percatarte de que no puedes entender a los italianos porque hablan demasiado rápido. Pero eso no le resta valor al hecho de que hiciste un esfuerzo consistente por aprender y que por lo menos hablas mucho más italiano que el turista promedio.

Esto se reduce a enfocarte en lo que puedes controlar. La mayoría de las veces solo tienes un control parcial sobre los resultados finales en tu vida, pero puedes controlar completamente el procedimiento que usas. Eres perfectamente capaz de dar tu mejor esfuerzo en cada momento particular.

Conclusiones: Existen unas cuantas maneras de aproximarse a la vida, al trabajo y los obstáculos, que garantizan que te mantengas en la ruta disciplinada. Si sientes que de alguna manera has hecho algún progreso será más probable que perseveres (el efecto del progreso fundamentado). Si sientes que estás relativamente cerca de la línea de meta, tienes más posibilidades de continuar (proximidad de la meta). Si piensas activamente en cómo ayudas a otros en lugar de a ti mismo, es más probable que continúes. Finalmente, si eres más optimista, será más factible que persistas.

Capítulo 11. Construye rutinas y hábitos para la autodisciplina suprema

En lo relativo a la autodisciplina y alcanzar tus metas, ¿piensas que es más importante tener el hábito de la disciplina o tener la motivación suficiente?

Podrías pensar que la motivación es más importante, porque aplazar las gratificaciones y aceptar molestias pasajeras es difícil si no se está altamente motivado. En realidad, crear y desarrollar buenos hábitos de autodisciplina es exponencialmente más relevante que la motivación para lograr tus metas y obtener lo que quieres. La razón es simple, la motivación es fugaz, sin importar cuánta tengas. Es una reacción, una emoción, y estas cosas se marchitan. Los hábitos, por otro lado, son consistentes y necesarios para que la autodisciplina sea sostenible.

La motivación no perdura

Es mucho más sexy y deslumbrante motivar a las personas en lugar de hablarles de los beneficios de los buenos hábitos. Pero la motivación es un estado mental provisional, mientras que los hábitos se convierten en comportamientos arraigados. ¿Qué te parece más sustentable, unas palabras de ánimo para cavar hoyos por 12 horas o el hábito de cavar hoyos como un hecho?

La motivación es una respuesta emocional que consiste en una excitación, un deseo y una voluntad de actuar -todas estas emociones positivas que sentimos en anticipación al logro de nuestra meta-. La motivación es importante; incluso tengo un capítulo dedicado a la motivación en este libro. Algunas veces nuestras acciones más poderosas están vinculadas a una motivación fuerte. El problema con la motivación es su fugacidad, pues normalmente se disipa después de horas o incluso días (semanas, en el mejor de los escenarios).

La disciplina requiere de la acción repetitiva de los hábitos, porque cuando las personas pierden la motivación y el vínculo emocional, se percatan de lo que es realmente actuar con disciplina: trabajo incómodo.

Perder la motivación no significa que pierdes el deseo de lograr algo. Después de varias semanas, cuando tu motivación se desvanece, todavía quieres entrar en la escuela de medicina, iniciar tu propio negocio o superar una adicción. ¿Pero qué sucede cuando "querer" algo no es suficiente para invertir el esfuerzo necesario para obtenerlo? Es muy probable que falles en tu disciplina o que abandones por completo la búsqueda de tu meta.

Generalmente, como consecuencia del paso del tiempo y la repetición perdemos el vínculo emocional con todo comportamiento motivado. La sensación de euforia asociada con la motivación se disipará. A diferencia de los estados emocionales pasajeros, el hábito de la disciplina es un proceso de pensamiento racional que se convierte en un modo de vida permanente cuando se desarrolla.

El adicto que quiere superar finalmente su adicción solo tendrá éxito si él o ella asiste diligentemente a las reuniones de apoyo y las sesiones de terapia, y toma a tiempo la medicación prescrita. La motivación consiste en querer vencer la adicción. La disciplina consiste en hacer todas las cosas necesarias para hacerlo realidad.

Formar hábitos requiere tiempo

En palabras de Aristóteles, "Los buenos hábitos creados en la juventud hacen toda la diferencia". Se piensa que desarrollar hábitos en la juventud es más fácil porque nuestras mentes son más maleables, pero es posible cambiar los hábitos sin importar la edad.

Phillipa Lally, investigadora en psicología de la salud en el University College de Londres, publicó un estudio en el *European Journal of Social Psychology* (Revista Europea de Psicología Social) que apuntaba a descubrir la duración del proceso de formación de hábitos. La investigación se realizó en un período de 12 semanas y examinó el comportamiento de 96 participantes, quienes eligieron los hábitos que querían desarrollar y luego reportaron que tan automático sentían dicho hábito. Luego de analizar la data, Lally y su equipo determinaron que eran necesarios un promedio de 66 días de acciones diarias para que estas se convirtieran en automáticas.

Cuánto tiempo tardes en desarrollar un nuevo hábito dependerá de tus hábitos y comportamientos presentes, así como de tus circunstancias personales. En la investigación de Lally, los hábitos que se formaron más rápido se desarrollaron en

18 días, mientras que los más lentos demoraron 254 días.

Los hábitos positivos son cruciales para la autodisciplina, porque una vez tienes un hábito se hace parte de tu naturaleza. Puedes pensar en los buenos hábitos como autodisciplina automática congelada, que sirven de guía para llegar al sitio donde quieres ir en tu vida. Son tus respuestas subconscientes, automáticas, que no requieren esfuerzo de tu parte.

Algo que requiere mucha autodisciplina desde el inicio es el ejercicio físico diario. Entonces, para desarrollar ese hábito, puedes programarlo a la misma hora todos los días e inmediatamente después darte una pequeña recompensa para incentivarte a hacerlo. Luego de un mes (o dos meses según los hallazgos del estudio de Lally), ya no necesitarás tanta autodisciplina si mantienes tus hábitos.

La lección es directa. Desarrollar un hábito toma tiempo y requiere de la autodisciplina para superar el proceso. Pero una vez superas esa fase, tu hábito te impulsará al logro, en vez del ejercicio de la autodisciplina que requerías antes. Prevé que requerirás por lo menos dos meses.

Tomará cierto tiempo hasta que la molestia e incomodidad de desarrollar hábitos de autodisciplina desaparezcan. Puede que todavía las sientas en raras ocasiones, pero luego de haber desarrollado el hábito será más fácil controlar cualquier impulso negativo que surja.

Primero, evita el autosabotaje. Eso significa que debes empezar con hábitos pequeños y manejables, en lugar de apuntar a las estrellas y garantizar el fracaso. Si estás fuera de forma y quieres mejorar tu condición física, empieza caminando 20 minutos al día, en vez de saltar inmediatamente a una rutina de entrenamiento que te dejará adolorido y sintiéndote miserable. 20 minutos de caminata es una meta tan alcanzable que es imposible inventar una excusa para no hacerlo.

Empezar en pequeño reduce la dificultad percibida de la tarea y hace más fácil cumplirla cuando te falte la motivación. Esto le dice a tu cerebro que es una acción aceptable e incluso agradable. También aumenta tu ilusión y expectativas relativas a la acción. Y, por supuesto, puedes incrementar constantemente la duración o dificultad de tu nuevo hábito en la medida que percibas algún progreso.

Si te sientes altamente motivado en las fases iniciales del proceso de formación de hábitos, ciertamente puedes tomar ventaja de eso y dar pasos más grandes para alcanzar tu meta. Pero ten en consideración que ser disciplinado y esforzarte no siempre es tan estimulante. Y si no puedes hacerlo cuando te sientes mal o te sientes molesto, el hábito no se consolidará. Saborea entonces la motivación cuando la tengas, pero no te hagas adicto a esa sensación.

Algunos días será fácil y utilizarás tus emociones positivas para sobrepasar tus metas. También habrá muchos momentos cuando estés falto de emoción y debas recurrir a tu fuerza de voluntad y autodisciplina para cumplir con el proceso de formación de hábitos. Pero si perseveras el tiempo suficiente, el viaje en montaña rusa hará una parada y tu nuevo comportamiento se convertirá en un hábito y parte permanente de tu vida. Tareas que antes requerían de fortaleza mental se harán tan fáciles y naturales como respirar.

No esperes hasta que "se sienta bien"

Resulta que hay una explicación lógica que responde por qué formar nuevos hábitos y romper con los viejos es tan difícil.

Charles Duhigg, autor de *El poder del hábito*, explica que los comportamientos habituales se correlacionan con la actividad de una parte del cerebro llamada ganglios basales - una región del cerebro asociada a las emociones, patrones y recuerdos-. Los ganglios basales están completamente separados de la corteza prefrontal donde, como probablemente sepas, tomamos nuestras decisiones. Eso significa que cuando el comportamiento se convierte en hábito, dejamos de utilizar nuestras habilidades para la toma de decisiones y funcionamos en piloto automático.

¿Cuál es la principal conclusión de esta información? Cuando tratas de romper con un viejo hábito y desarrollar uno positivo, es normal que al principio te sientas incómodo o molesto, porque debes tomar decisiones activamente respecto a tu comportamiento. Tu cerebro ya está programado para funcionar de una manera determinada, por lo tanto, se resistirá al cambio, y como resultado hará que el nuevo comportamiento se sienta errado e incluso atemorizante.

La mejor cosa que se puede hacer para modificar un comportamiento con éxito es adoptar lo que la programación de tu cerebro considera como un error. Tu nueva rutina tomará su tiempo hasta que empiece a sentirse correcta o natural. Asúmelo y sigue adelante. Eventualmente, el comportamiento que quieres se conectará a tus ganglios basales y puedes volver al piloto automático con una versión mejorada de ti mismo. La formación de hábitos empezará con sensaciones de malestar y no con sensaciones de estímulo y comodidad.

Finalmente, la formación de hábitos y autodisciplina se reduce a pequeñas acciones persistentes por más de 66 días, que debes superar con fortaleza, sin reparar en tu estado emocional. ¿Cuáles son algunas de las maneras en las que puedes empezar a formar hábitos para la autodisciplina en 66 días o menos?

Adicionalmente, piensa cómo puedes transformar pequeñas acciones en hábitos sólidos, incrementándolos lentamente. Por ejemplo, puedes iniciar el hábito de entrenar, trotando primero una vuelta alrededor de la cuadra y aumentando el recorrido paulatinamente cada semana. Una cuadra se transforma en dos, y luego en tres, y así sucesivamente. Trata de desarrollar tus hábitos de esta forma, forzándote cada vez un poco más hacia metas más altas pero alcanzables.

Pocas cosas que valen la pena en la vida vienen de manera fácil y la disciplina no es la excepción. Pero quieres romper malos hábitos y formar hábitos positivos por una razón. Reconoce que necesitarás trabajar duro, y luego, tan solo será cuestión de empezar.

El modelo de las seis fuentes de influencia

Joseph Grenny y su equipo de colaboradores desarrollaron un modelo que puede ayudarte a cambiar tu comportamiento y tener éxito en el proceso de formación de hábitos: el modelo de las seis fuentes de influencia. El sistema explica todos los factores que nos influyen cuando tratamos de modificar nuestro comportamiento o aumentar nuestra disciplina. Estos son todos los obstáculos que enfrentas en la formación de hábitos, incluso cuando actúas de manera disciplinada.

Este es el desglose de las influencias, explicadas con el ejemplo de cómo pueden afectar a alguien que intenta lograr un cambio de comportamiento, como dejar de fumar:

- Individual
  - Motivación personal—¿Estás motivado para dejar de fumar y mejorar tu salud y estilo de vida? ¿Qué consigues con eso y cómo mejora tu vida?
  - Habilidad personal— ¿Eres capaz de superar la adicción física y mental de fumar? ¿Tienes suficiente fuerza de voluntad o apoyo social? ¿Hay una historia familiar de adicciones?
- Social
  - Motivación social— ¿Tienes familia y amigos que te alienten a dejar de fumar y evitan ofrecerte o fumar cigarrillos cerca de ti? ¿Enfrentas presión social para continuar o dejar de fumar?
  - Habilidad social— ¿Conoces a alguien que haya dejado de fumar o tienes

acceso a un grupo de apoyo? ¿Son todos tus amigos fumadores empedernidos?
- Ambiente
  - Motivación estructural— ¿Te penalizan -con multas por fumar en interiores, por ejemplo, en el lugar donde vives?
  - Habilidad estructural— ¿Tienes recordatorios visibles en tu entorno que te alienten a dejar de fumar?

Demos una mirada más profunda. La primera categoría de influencias es la individual, tú, y se basa en tu motivación y habilidad personal. La motivación personal es simplemente un asunto de cuánto deseas hacer algo, mientras que la habilidad personal hace referencia a si eres capaz o no de hacerlo.

La motivación es pasajera pero aun así la necesitas para tener éxito, por lo tanto, puedes lograr más haciendo que tus acciones sean lo más divertidas y agradables posibles, asegurando que la meta que escogiste esté alineada con tus valores. Al mismo tiempo, los hábitos nuevos son más desafiantes, intelectual, física y emocionalmente, de lo que parecen al principio.

Digamos, por ejemplo, que quieres estar en la mejor condición física de tu vida. Debes preguntarte si ese deseo de tener una mejor condición física está motivado por un deseo de ser mejor en el atletismo, o porque deseas mejorar la confianza en ti mismo y tu autoestima. ¿Sabes cómo ejercitarte de manera segura y efectiva? ¿Qué tal la nutrición sana?. Las respuestas honestas a ese tipo de preguntas te indicarán si tu meta es realista.

De ser así, la siguiente categoría de influencias que debes considerar es la social, la gente que te rodea. Como sucede con la influencia individual, la influencia social es en parte motivación y en parte habilidad. La motivación social hace referencia a cuán positiva o negativamente influye la gente que te rodea sobre tu comportamiento, mientras que la habilidad social refiere a cuánta ayuda necesitas para mantener un comportamiento positivo hasta que se hace habitual.

Idealmente, tus amigos y familia te apoyarán, aupando tus comportamientos saludables y desalentando el comportamiento negativo. Mejor aún, pueden contribuir a tu éxito facilitando ayuda, información y recursos para asistirte durante el proceso de aprender un nuevo hábito o habilidad.

Entonces, en tu búsqueda de conseguir la mejor condición física de tu vida debes preguntarte si la gente que te rodea te brinda refuerzos positivos cuando actúas bien y te obliga a responsabilizarte por tus inasistencias al gimnasio o por comer alimentos poco saludables. ¿Tienes un entrenador personal o un coach que te ayude con tu régimen de ejercicios y tu familia sigue una dieta saludable junto a ti o, por lo menos, guardan los alimentos poco saludables en lugares donde no puedan tentarte?

Finalmente, tenemos el ambiente -todos los factores no humanos que te rodean a diario-. La influencia ambiental puede ser contemplada como "estructura" y también puede dividirse en motivación y habilidad. La motivación estructural es, simplemente, cómo tu entorno te alienta a seguir un comportamiento positivo, recompensándote por hacerlo bien e imponiendo una consecuencia negativa cuando tu disciplina falla. La habilidad estructural, por otra parte, consiste en si el ambiente que te rodea te apoya con recordatorios y señales para mantenerte en la ruta.

¿Has diseñado un sistema para recompensarte por mantener la dieta y el régimen de ejercicios, y para penalizarte cuando no lo haces? Quizás puedas ver tu programa favorito de televisión mientras montas en la bicicleta fija del gimnasio, y dejar de verlo cuando no asistes al gimnasio por pereza. Puedes ayudarte aún más para lograr tus metas de condición física, mediante señales para mantenerte en el carril, tales como ejercitarte siempre a la misma hora o preparar de antemano una comida saludable para tenerla lista cuando no te apetezca cocinar.

Es muy común pensar en la disciplina en blanco y negro: o tienes la motivación y la fuerza de voluntad o no la tienes. Pero la motivación y la fuerza de voluntad siempre fallan cuando no has optimizado otras facetas de tu vida para la disciplina. Cualquier cosa funciona en el vacío, pero muy pocos métodos pueden soportar ser escrutados en el multifacético mundo real.

Necesitas aceptar que algunas veces la disciplina será difícil y puede sentirse extremadamente equivocada, pero eso es algo pasajero. Si te esfuerzas por superar el dolor y la incomodidad que inevitablemente enfrentarás cuando intentas cambiar tu comportamiento, podrás romper malos hábitos y desarrollar mejores rutinas en su lugar. Elige metas factibles y luego crea un plan de acción con base en tu motivación y habilidades personales, así como las de tus círculos sociales y ambiente.

Pero lo más importante, empieza y no dejes de esforzarte hasta que la disciplina sea un acto tan natural como respirar.

Conclusiones: Es bueno tener motivación y autodisciplina. No obstante, con frecuencia la motivación es emocional y fugaz, y la autodisciplina puede agotarse. Pero tener hábitos sólidos ofrecerá los mismos resultados con mucho menos dolor y sufrimiento. Se ha demostrado que los hábitos toman cerca de 66 días para formarse, entonces, todo lo que tienes que hacer es comprometerte con pequeñas acciones (mini hábitos) durante ese período de tiempo. Lo exitoso que puedas ser en mantener tus hábitos está parcialmente influenciado por los seis factores de influencia descritos por Joseph Grenny.

Guía resumen

Capítulo 1. Fundamentos biológicos de la autodisciplina

Puede que no sorprenda que la autodisciplina tiene fundamentos biológicos. Esto significa que, como muchos de tus músculos, puede ser entrenada, agotada y gastada. Esto último es conocido como la fatiga de la fuerza de voluntad. Eso está bien porque te ofrece un modelo para lidiar con tu autodisciplina: puedes aumentarla, puedes colocarte en situaciones que la conserven. También significa que puedes influir en tu autodisciplina de forma positiva mediante comportamientos y hábitos cotidianos.

Capítulo 2. ¿Qué pulsa tus botones?

La autodisciplina es importante, pero también lo es contar con la motivación adecuada, para que la autodisciplina no sea necesaria. Lo que piensas que es tu motivación, puede que realmente no lo sea. Es importante que seas honesto contigo mismo. Varias investigaciones han demostrado, de manera consistente, que las posesiones materiales son un estímulo pobre. Por el contrario, la sensación de progreso personal, autonomía, maestría y propósito son estímulos mucho más efectivos a los que aferrarse. Otros factores incluyen los motivadores extrínsecos e intrínsecos y la teoría de la motivación de Aristóteles.

Capítulo 3. Tácticas de disciplina de los Navy SEALs

Se pregona que los SEALs son los maestros de la fuerza de voluntad porque para ellos en esto reside la diferencia entre la vida y la muerte. Utilizan unas cuantas tácticas para mantenerse en acción. Una de ellas es la regla del 40%: cuando sientas que has alcanzado tu límite apenas has usado el 40% de tu capacidad. Otras técnicas para desarrollar la disciplina incluyen el box breathing (para el control de la excitación), el plantearse metas ambiciosas (como manera de colocar a la mente sobre la materia) y la regla de los 10 minutos.

Capítulo 4. Diagnóstico de los drenadores de disciplina

Algunos obstáculos comunes de la disciplina son plantearte metas poco realistas (síndrome de la falsa esperanza), procrastinar como consecuencia de buscar la perfección (puedes enfrentarlo con la regla del 75%), racionalizar excusas para no actuar, y el efecto de la Ley de Parkinson (que puede ser combatido planteando plazos agresivos).

Capítulo 5. Flexiona tu "músculo de incomodidad"

La autodisciplina es un acto incómodo en sí mismo, por lo que tiene sentido ejercitar la incomodidad como si fuese un músculo. Una de las maneras más efectivas para practicar la incomodidad es "surfear los impulsos", lo cual demuestra ser mejor que resistirlos. Adicionalmente, puedes practicar la terapia del rechazo, o simplemente colocarte en situaciones incómodas, en su mayoría sociales, que te impulsarán a actuar.

Capítulo 6. Creación de un ambiente disciplinado

Los ambientes que creas para ti tienen un alto impacto sobre tu autodisciplina, porque pueden drenarla constantemente o pueden ayudarte a preservarla y ejercitarla. Debes limitar estratégicamente tus distracciones empleando el "fuera de la vista, fuera de la mente", minimizar los picos de dopamina que sabotean tu capacidad de concentración y crear la ruta de menos resistencia a las acciones que más deseas.

Capítulo 7. Las relaciones que informan nuestra fuerza de voluntad

Las relaciones que mantenemos pueden influenciarnos incluso más que el ambiente que nos rodea. Nuestro círculo social nos informa acerca de qué es aceptable, un punto de apoyo o un obstáculo que nos impide avanzar. No puedes escoger a tu familia, pero puedes decidir con quién pasas tu tiempo, así como buscar proactivamente mentores y modelos ejemplares para fortalecer tus áreas débiles.

Capítulo 8. Por qué siempre debes comer tus vegetales primero

El concepto de gratificación postergada no es nuevo. Es la capacidad de comer tus vegetales antes que el postre. Las investigaciones demuestran que esta sencilla habilidad está estrechamente correlacionada con un alto desempeño en varios aspectos de la vida. Otra manera de verlo es pensar más proactivamente en tu yo futuro -aquel que será recompensada por tu sufrimiento temporal-. Finalmente, puedes dar un vistazo al futuro con la regla del 10-10-10: ¿cómo te sentirás o te verás afectado por las fallas en tu autodisciplina en 10 minutos, 10 horas y 10 días?

Capítulo 9. ¡Urgente! Leer en caso de tentación

Existen cuatro preguntas amplias y esclarecedoras que debes formularte cada vez que enfrentes cualquier tentación, distracción o impulso. ¿Eres disciplinado o no? ¿Haces lo correcto o lo más fácil?¿Qué te toca de postre? ¿Eres consciente de ti mismo?

Capítulo 10. Actitud y enfoque son todo

Existen unas cuantas maneras de aproximarse a la vida, al trabajo y los obstáculos, que garantizan que te mantengas en la ruta disciplinada. Si sientes que de alguna manera has hecho algún progreso será más probable que perseveres (el efecto del progreso fundamentado). Si sientes que estás relativamente cerca de la línea de meta, tienes más posibilidades de continuar (proximidad de la meta). Si piensas

activamente en cómo ayudas a otros en lugar de a ti mismo, es más probable que continúes. Finalmente, si eres más optimista, será más factible que persistas.

Capítulo 11. Construye rutinas y hábitos para la autodisciplina suprema

Es bueno tener motivación y autodisciplina. No obstante, con frecuencia la motivación es emocional y fugaz, y la autodisciplina puede agotarse. Pero tener hábitos sólidos ofrecerá los mismos resultados con mucho menos dolor y sufrimiento. Se ha demostrado que los hábitos toman cerca de 66 días para formarse, entonces, todo lo que tienes que hacer es comprometerte con pequeñas acciones (mini hábitos) durante ese período de tiempo. Lo exitoso que puedas ser en mantener tus hábitos está parcialmente influenciado por los seis factores de influencia descritos por Joseph Grenny.

www.ingramcontent.com/pod-product-compliance
Lightning Source LLC
Chambersburg PA
CBHW071231080526
44587CB00013BA/1561